Tjalda Saathoff/Miriam Frenzel

Heute schon geküßt?

Herpes: warum er kommt und wie Sie ihn wieder loswerden

D1987455

Tjalda Saathoff/Miriam Frenzel

Heute schon geküsst? Herpes:

warum er kommt und wie Sie ihn wieder loswerden

ARISTON

Geschützte Warennamen (Warenzeichen) werden nicht besonders kenntlich gemacht. Aus dem Fehlen eines solchen Hinweisese kann nicht geschlossen werden, daß es sich um einen freien Warennamen handelt.

Die Deutsche Bibliothek – CIP-Einheitsaufnahme

Saathoff, Tjalda:
Heute schon geküßt? Herpes: warum er kommt und
wie Sie ihn wieder loswerden/Tjalda Saathoff ; Miriam Frenzel.
Kreuzlingen ; München : Ariston Verlag, 1998
ISBN 3-7205-2027-7
NE: Frenzel, Miriam

© 1998 by Ariston Verlag, Kreuzlingen
Alle Rechte vorbehalten

Umschlaggestaltung: Manu Böhler, Überlingen
Umschlagmotiv: G+J Fotoservice / F. P. Wartenberg
Satz und Repro: SatzTeam Berger, Ellenberg
Druck: Wiener Verlag, Himberg bei Wien

ISBN 3-7205-2027-7

Inhaltsverzeichnis

Teil II

Für Amos, Nils und Norbert

Vorwort

Er war sechzehn, und sie war seine erste große Liebe. Aber bevor es zum ersten Kuß kam, erblühte auf seiner Oberlippe ein Herpes. Die Liebe war dahin. Der Herpes blieb – ein Leben lang kam er wieder und wieder, meist in zarten Momenten und zauberhaften Augenblicken, wo er die Bläschen und Krusten am wenigsten akzeptieren konnte.

Dieser junge Mann ist heute vierzig Jahre alt und erzählte uns seine Geschichte bei einem langen Sonntagvormittagfrühstück unter Freunden. Es sollte nicht die einzige Herpes-Geschichte dieses Tages bleiben. Jeder, der am Tisch saß, hatte seine Erfahrungen, Erlebnisse und Katastrophen mit den »bösen« Bläschen. Für uns, zwei Journalistinnen, Anlaß genug, dem Thema auf den Grund zu gehen.

Dabei ist ein Buch entstanden, das allen Menschen, die unter Herpes leiden, helfen soll, sich mit ihrem ganz persönlichen Signal auseinanderzusetzen und sogar anzufreunden. Denn eines ist uns bei den vielen, vielen Personen, die wir bei der Recherche zu diesem Buch gesprochen haben, immer wieder aufgefallen: Herpes

– und gerade der berüchtigte Lippenherpes – ist oft ein Signal der Seele.

In diesem Buch legen wir deshalb einen Schwerpunkt auf die psychologische Seite dieser Hauterkrankung und versuchen, die Verbindung zwischen Körper und Seele zu beleuchten, die sich, wenn sie gestört ist, oft in den verschiedensten Krankheiten, und so eben auch mit einem Herpes, deutlich macht.

Wer sich jedoch von diesem Buch Patentrezepte gegen Herpes erhofft, wird sich enttäuscht sehen. Die gibt es nicht, wird es auch so schnell nicht geben, denn Herpes ist eine Viruserkrankung, die wie eine Grippe kommt und geht. Mittel können helfen, den Herpes schneller in den Griff zu bekommen oder ihn auch zu unterdrücken. Nicht mehr und nicht weniger. Deshalb haben wir bewußt auf ein Therapie-Kapitel verzichtet, statt dessen die gängigen Mittel und Hausmittel in die jeweiligen Kapitel über die Herpestypen aufgenommen.

Uns geht es bei dem Buch darum, Betroffenen eine Hilfe zu geben, ihren Herpes kennenzulernen, anzunehmen und Maßnahmen ergreifen zu können, die Körper und Seele in ein gesundes Gleichgewicht bringen. Wir glauben inzwischen, daß der Satz einer Herpes-Besprecherin für viele Menschen Gültigkeit hat: »Jeder ist sein eigener Heiler!«

Tjalda Saathoff/Miriam Frenzel
Hamburg, im Mai 1998

Teil I

Herpes und der Mensch: Die Geschichte einer ungesunden Beziehung

Herpes – ist überhaupt noch jemand »ohne«? Diese Viren, die manchmal nur einen lästigen Schönheitsfleck, häufig jedoch auch recht gefährliche Krankheiten verursachen, sind weit verbreitet: Zwischen 60 und 90 Prozent der Bundesbürger tragen Herpesviren in sich. Nahezu alle Menschen haben mit ihnen in der Kindheit Kontakt gehabt, bei vielen sind sie danach zu stillen Dauermietern geworden, die sich oft ohne Vorwarnung wieder bemerkbar machen. Das ist das Tückische an den Herpesviren: Einmal angesteckt, gibt es kein Entrinnen mehr; dann liegen die lästigen Störenfriede ein Leben lang auf der Lauer.

Welche Faktoren den Ausbruch der Krankheit begünstigen, darüber rätseln und forschen die Menschen seit Urzeiten. Und so lange scheint es die Krankheit auch schon zu geben. Bereits der berühmte griechische Arzt

Hippokrates (460–377 v. Chr.) hat das lästige Bläschenleiden dokumentiert. Der Name »Herpes« kommt von »herpein«, das ist griechisch und bedeutet übersetzt »schleichen«, »kriechen«. Und in der Tat beschreibt dieser Begriff ziemlich exakt das, was die Viren in unserem Körper tun. Der Ausschlag scheint buchstäblich über unseren Körper zu kriechen, sich über Tage anzuschleichen, bevor er endgültig ausbricht.

Ahnend, daß sich das Bläschenleiden auch über Körperkontakt überträgt, versuchten die Menschen schon früh, mit Verboten der Krankheit Herr zu werden. So erteilte der römische Kaiser Tiberius (14 v. – 7 n. Chr.) – aus Angst vor möglichen Ansteckungen – bei öffentlichen Feierlichkeiten ein Kußverbot. Doch die Ursachen und Verursacher der schmerzhaften Hautveränderungen blieben bis in unsere Tage unbekannt.

Das unsichtbare Gift

Erst seit gut einhundert Jahren weiß man überhaupt von der Existenz der Viren. Ende des 19. Jahrhunderts hatten die Forscher Bakterien als Krankheitserreger entdeckt. Zwar benutzte man den lateinischen Begriff »Virus« (der übersetzt »Gift« heißt) schon seit geraumer Zeit, aber man verwendete ihn allgemein für giftige Substanzen.

1892 führte der russische Biologe Dimitri Iwanowski den Nachweis, daß es Krankheitserreger gibt, die kleiner sind als Bakterien. Der in St. Petersburg lebende Biologe war leidenschaftlicher Raucher, aber nicht so vermögend, sich diesen Luxus leisten zu können. So züchtete er Tabakpflanzen auf dem Balkon und entdeckte eines Tages, daß auf einigen der kostbaren Blätter ungewöhnliche, mosaikartige Verfärbungen zu sehen waren. Er preßte daraufhin die befallenen Blätter, zerrieb sie in Wasser und injizierte das Filtrat den gesunden Pflanzen. Tatsächlich zeigten sie innerhalb kürzester Zeit die gleichen Krankheitserscheinungen. Dimitri Iwanowski hatte das später so genannte »Tabak-Mosaik-Virus« entdeckt – zog jedoch daraus den falschen Schluß. Denn er glaubte nicht an einen neuen Krankheitserreger, sondern vermutete, daß die Infektion bakterieller Natur war. Doch der Anstoß für die weitere Erforschung dieser winzigen Krankheitserreger war gegeben, und die Virologie entwickelte sich zu einem in der heutigen Zeit immer wichtiger werdenden medizinischen Gebiet.

Den endgültigen Beweis für die ansteckende Wirkung der Herpesviren erbrachte im Jahre 1912 W. Grüter. Der Wissenschaftler übertrug Herpesviren im Labor von Menschen auf Kaninchen. Seitdem forschen rund um die Welt Wissenschaftler an dem tückischen Virus – und sie stellten eine erschreckende Verbreitung fest:

In fast allen untersuchten Tierarten konnten Herpesviren nachgewiesen werden. So fand man die kleinen, hartnäckigen Schmarotzer zum Beispiel in den Körpern von Menschenaffen, bei Elefanten, sogar in Fischen und Fröschen.

Das „Who is Who?" der Herpesviren

Bei uns Menschen steckt hinter den kleinen Blasenherden, den unschönen Krusten auf den Lippen, dem schmerzhaften Ausschlag im Bereich der Geschlechtsorgane immer die Familie der Herpesviren.

Sie ist in drei große Unterfamilien unterteilt. Viele der bis jetzt bekannten und untersuchten Herpesviren, sind noch nicht so weitgehend erforscht, daß es gelingt, sie in einer der drei Unterfamilien einzuordnen. Im weitverzweigten System der Viren ist die »Herpes-Sippe« mit 100 Arten die zahlenmäßig größte Familie. Allerdings – ein schwacher Trost – stellen nur folgende Virentypen tatsächlich eine Gefahr für den Menschen dar. (Auf die ersten drei werden wir später noch ausführlich zu sprechen kommen):

1. Herpes simplex labialis

Neun von zehn Erwachsenen sind seit der Kindheit mit dem Erreger infiziert. Die Eintrittspforte ist normalerweise die Mundschleimhaut. Nach der Erstinfektion wandern die Viren über Nervenfasern in die Ganglien, die Schaltstellen der Nervenbahnen, wo sie sich in den Nervenzellen verstecken. Dort sind sie auch vor den Angriffen des Immunsystems geschützt. Bestimmte Faktoren können sie aus ihrem Ruhezustand erwecken und eine Reaktivierung in Gang setzten, die mit dem Ausbruch der Krankheit endet.

2. Herpes simplex genitalis

Hier beträgt die sogenannte Durchseuchungsrate nur 30 bis 40 Prozent der Gesamtbevölkerung. Das Virus wird beim Geschlechtsverkehr übertragen. Da die Infektion auch symptomfrei verlaufen kann, wissen viele Menschen gar nichts von der Gefahr. Auch hier ziehen sich die Viren in Ganglien, diesmal nahe dem Rückenmark, zurück. Sie können durch allgemeine Reize, durch sexuelle Aktivität oder Hormonveränderungen reaktiviert werden. Lebensgefährlich wird die Krankheit, wenn eine infizierte Mutter sie bei der Geburt an ihr ungeschütztes Baby weitergibt.

3. Varizella-Zoster-Virus (VZV)

Dieser Typus verursacht bei Kindern Windpocken (Varizella) und bei Erwachsenen Gürtelrose (Zoster). Windpocken sind eine typische Kinderkrankheit, die meist harmlos verläuft. 90 Prozent aller Zehnjährigen haben sie bereits überstanden. Die Übertragung erfolgt durch Tröpfcheninfektion bei direktem Kontakt. Erwachsenen drohen erhebliche Komplikationen, wie zum Beispiel eine Lungenentzündung. Besonders aufpassen müssen Schwangere: Eine Windpockeninfektion während der Schwangerschaft kann zu einer schweren Mißbildung des Embryos führen.

Mit Windpocken kann man sich – im Gegensatz zu anderen Herpesarten – nur einmal anstecken und ist danach immun. Allerdings können auch hier Viren in den Ganglien überdauern. Bei Reaktivierung wandern sie über die Zwischenrippennerven des Rücken- und Brustraums in die Haut zurück. Der Ausschlag, der sich daraufhin bildet, trägt den Namen »Gürtelrose« (Zoster), weil die Bläschen im typischen Fall wie ein Gürtel angeordnet sind. Die Krankheit verläuft sehr schmerzhaft, ist oft von hohem Fieber begleitet und gilt als typische Krankheit älterer Menschen.

4. Das Cytomegalie-Virus (CMV)

Es fügt gesunden Menschen normalerweise kaum Schaden zu. Bei geschwächter Körperabwehr, wie sie für AIDS- und Transplantationspatienten typisch ist, gehört es zu den Haupterregern von Infektionen. Es wird durch unmittelbaren Körperkontakt – meist schon in der Kindheit – auf fast jeden Menschen übertragen. Nach der Erstinfektion geht das CMV »auf Tauchstation« (Mediziner nennen diesen Zustand »Latenzphase«) und wartet in den weißen Blutkörperchen auf seine Reaktivierung. Bei un- und neugeborenen Kindern stellt das CMV eine große Gefahr dar. Infektionen können zu Fehlbildungen und Lernbehinderungen führen.

5. Das Epstein-Barr-Virus (EBV)

Hauptübertragungsweg ist der Speichel. Das Virus vermehrt sich in den Zellen der Mundhöhle, der Zunge und den Speicheldrüsen. 90 Prozent aller Erwachsenen tragen spezifische Antikörper gegen das EBV in sich. Gesunden fügt das Virus im Normalfall kaum Schaden zu. Zu den Krankheiten, die durch das EBV hervorgerufen werden, gehört das Pfeiffersche Drüsenfieber, wegen der Art der Übertragung auch »Kußkrankheit« genannt. Das EBV zieht sich, wie das Cytomegalie-Virus, nicht in Nervenzellen, sondern nur in bestimmte Immunzellen zurück, eventuell auch ins Knochenmark und in die Lunge. Von dort können sie reaktiviert werden. In der Schwangerschaft müssen infizierte Frauen besonders überwacht werden, da für das Un- und Neugeborene erhebliche Gefahr droht.

6. Das Humane Herpesvirus 6 (HHV 6)

Dies ist der Erreger des »Dreitagefiebers«, einer Krankheit mit plötzlich auftretendem hohen Fieber und anschließendem Ausschlag. Über 90 Prozent der Erwachsenen tragen das HHV 6 in sich. Hauptübertragungsweg ist der Speichel. Das Virus überlebt vermutlich in der Speicheldrüse.

Inzwischen sind noch zwei weitere Herpesviren bekannt, HHV 7 und HHV 8. Ob und welche Krankheiten jedoch mit diesen Virustypen einhergehen, wird noch erforscht.

Die kleinen „großen Unbekannten“

Viren sind die kleinsten und einfachsten uns bekannten Lebewesen. Sie sind für das bloße Auge unsichtbar. Man kann sie weder riechen noch schmecken noch fühlen. Aber trotz ihrer Winzigkeit zählen sie zu den gefährlichsten Feinden des Menschen. Die Spannbreite der von Viren ausgelösten Krankheiten reicht von relativ harmlosen Erkältungen über Mumps und Masern bis hin zu tödlichen Pocken, Tollwut und AIDS. Die winzigen Geschöpfe sind in der Grauzone zwischen lebendigen Bakterien und unbelebten Eiweißmolekülen einzuordnen. Sie bestehen aus so wenigen Teilen, daß sie ohne fremde Hilfe nicht überleben, geschweige denn sich vermehren können. Das trifft auch für das Herpesvirus zu. Es ist mit 90 bis 150 Nanometern winzig klein (ein Nanometer ist der millionste Teil eines Millimeters) – für das menschliche Auge nur noch über das Elektronenmikroskop sichtbar zu machen. Dort kann man es jedoch an seiner spezifischen Gestalt schnell erkennen.

Wie alle Viren besitzt es einen Kern aus Erbsubstanz, Nukleinsäure, die alle Informationen des betreffenden Virus an die nachfolgende Generation weitergibt. Diese Erbsubstanz ist in eine geometrisch anmutende Kapsel aus Eiweißkörpern eingeschlossen.

Für Herpesviren charakteristisch sind die zwei Schutzhüllen, die aus Eiweiß- und Zuckerverbindungen bestehen und die Kapsel mit der Erbsubstanz umgeben. Fettlösende Mittel können die äußeren Schutzschichten leicht zerstören. Das ist ein Grund dafür, warum das Virus außerhalb des Menschen nur kurze Zeit überlebensfähig ist.

Ist ein Virus in den Körper eingedrungen und schafft es das Immunsystem nicht, den Fremdling unschädlich zu machen, dann kommt es zu einer Infektion. Das Virus hat dabei nur ein Ziel: sich zu vermehren. Möglichst jedoch ohne den befallenen Körper zugrunde zu richten. Denn das wäre – in den Augen des Virus – wenig sinnvoll. Ein zu sehr geschädigter oder gar toter Organismus stünde ja nicht mehr als Ort der Vermehrung zur Verfügung.

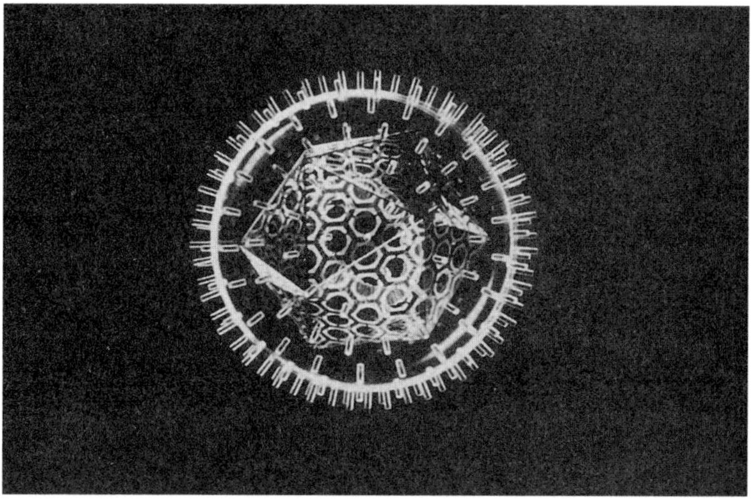

Schematische Darstellung eines Herpesvirus (Modell)

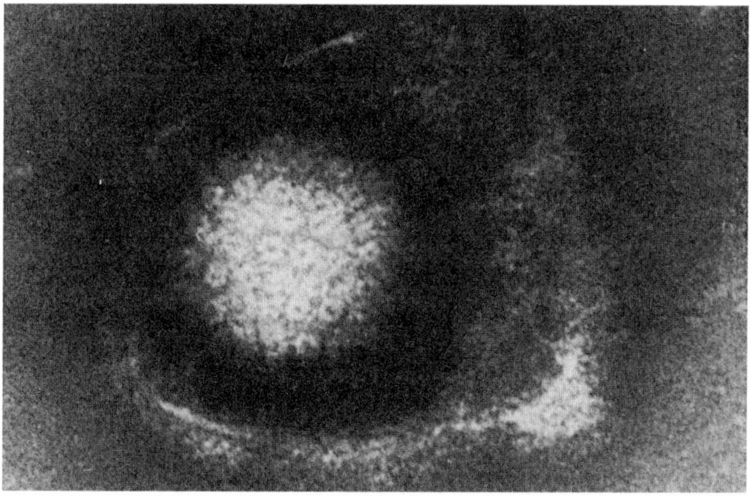

Elektronenmikroskopische Aufnahme eines Herpesvirus. Man erkennt die äußere Hülle und den Kern, der aus vielen identischen Einheiten besteht.

Die Infektion – Eroberung im Handstreich

Hat das Virus seine Zielzelle im Körper gefunden, entert es sie wie ein Pirat ein fremdes Schiff. Dazu dockt es mit seiner Oberfläche an der Zelle an. Beim Finden und Erkennen der jeweiligen Wirtszelle helfen ihm Rezeptoren, die wie Antennen aus der Zelle herausragen. An diese Rezeptoren heftet sich das Virus.

Das Virus dringt nun in die Wirtszelle ein, vermutlich indem es seine Hülle mit der Zellmembran verschmilzt und die Kapsel mit der Erbsubstanz in das Zellinnere entläßt. Die Nukleinsäure im Viruskern wird spätestens in der Zelle freigesetzt und beginnt nun, die Stoffwechselmaschinerie der Wirtszelle für die Virusproduktion umzuprogrammieren.

Das Virus zwingt die Wirtszelle dazu, seine Nukleinsäure, mit anderen Worten: seine Erbinformationen, hundert- oder tausendfach zu vervielfältigen. Anstatt ihre normale Funktion auszuüben, stellt die befallene Zelle ab sofort Tausende von Viren her und stirbt schließlich erschöpft ab – ohne sich selbst weiter vermehrt zu haben. Die neu produzierten Viren infizieren ihrerseits weitere Zellen. Ein Teufelskreis beginnt.

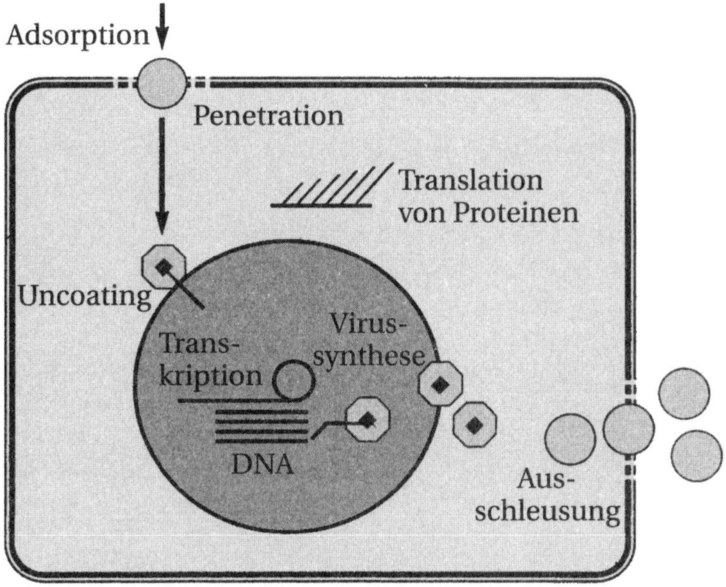

1. Das Virus haftet sich an die Zelloberfläche an (Adsorption) und
2. dringt ein (Penetration).
3. Es wirft die äußere Hülle ab (Uncoating) und
4./5. zwingt die befallene Zelle, das Viruserbmaterial zu vervielfachen (Transkription/Translation).
6. Die produzierten Virusteile werden zu neuen Viren zusammengesetzt (Virus-Synthese) und
7. aus der Zelle ausgeschleust (Ausschleusung).

Innerhalb von wenigen Tagen sind so viele ehemals gesunde Körperzellen abgestorben und so viele neue Viren entstanden, daß dies äußerlich sichtbar wird. Der Herpes »blüht auf«.

Außerhalb des Körpers kann ein Virus generell bis zu 24 Stunden überleben – in warmem, feuchtem Milieu auch länger. Kälte und Trockenheit töten es recht schnell ab.

Herpes und das Immunsystem: eine Gratwanderung zwischen Gesundheit und Krankheit

Das Immunsystem hat keine festen Begrenzungen – und doch ist es eines der wichtigsten und zugleich kompliziertesten Systeme unseres Körpers. Und der Abwehrschild gegen Herpes. Vorstellen kann man es sich als eine Armee von unzähligen Polizisten, die nicht nur alle Krankheitserreger, sondern auch alle veränderten Zellen in unserem Organismus unschädlich zu machen versuchen. Weil es für unser Überleben so wichtig ist, arbeitet es eng mit dem Nervensystem und anderen Organsystemen (Darm, Leber, Haut, Drüsen, Lunge und Niere), die als Hilfsorgane ebenfalls an der Abwehr beteiligt sind, zusammen. Einzelne Organe haben sich auf bestimmte Aufgaben spezialisiert:

- Das Knochenmark ist Produktionsstätte der Blut- und Abwehrzellen.
- Die Lymphgefäße und die Milz dienen als Filtersysteme, die alles aussortieren, was krank macht oder verändert ist.
- Die Thymusdrüse ist die Kommandozentrale der Körperpolizei. Sie schult die Abwehrzellen und produziert wichtige Stoffe, die den Einsatz steuern.

Äußerster Schutzwall des Immunsystems ist unsere Haut. Sie schirmt uns nach außen vor der feindlichen Umwelt und Eindringlingen, wie den gefährlichen Viren, ab. Die meisten Erreger werden hier, gleichsam an vor-derster Front, zurückgeschlagen. Außerdem werden Angriffe ins Körperinnere gemeldet, wo dann für alle übrigen Abwehrmechanismen die Alarmzeichen auf Rot springen.

Der Immunologe Edwin Blalock von der Medizinischen Hochschule in Galveston in Texas glaubt, daß das Immunsystem eine Art »sechster Sinn« des Nervensystems ist. Es registriert das, was wir nicht fühlen, sehen, hören, riechen, schmecken oder mit dem Gleichgewichtssinn erfassen können – nämlich Bakterien, Viren, Pilze, Würmer und Krebszellen –, und es reagiert darauf mit der Produktion von Botenstoffen, die eben auch das Gehirn versteht. Nicht nur das Nervensystem sendet Signale an das Immunsystem, auch das Immunsystem sendet Signale an das Gehirn.

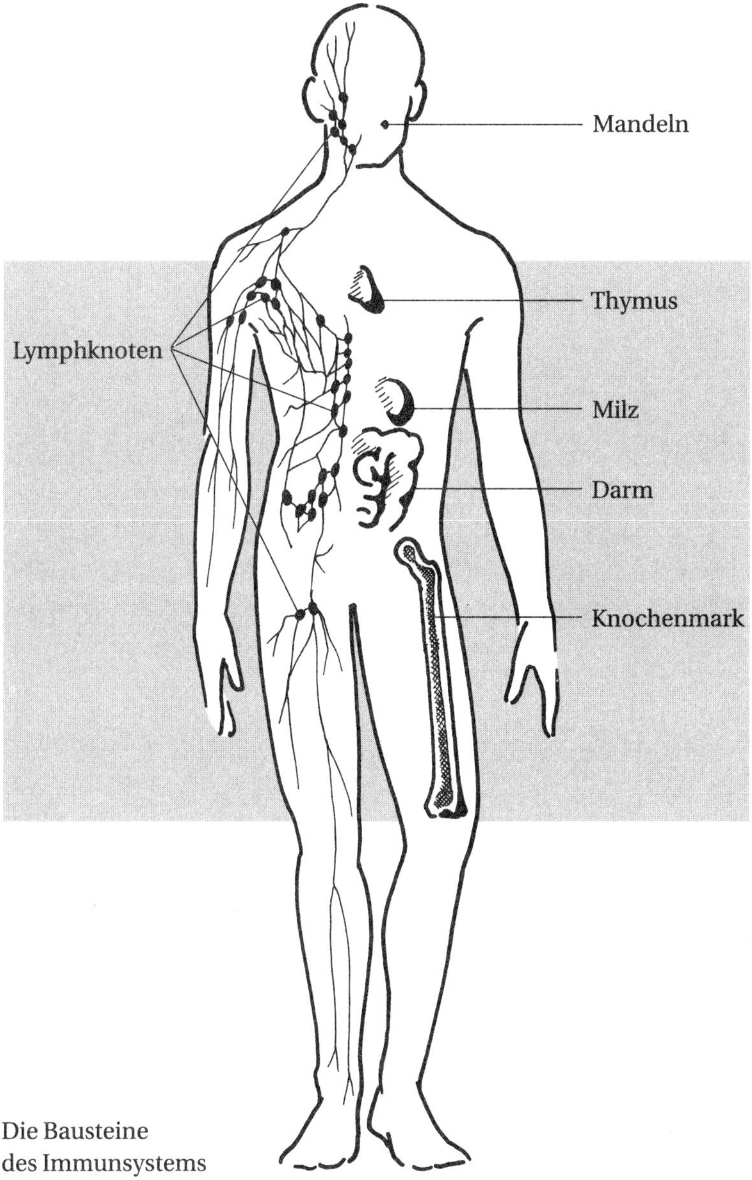

Die Bausteine
des Immunsystems

Bausteine des Immunsystems

Die Milz produziert Lymphozyten (weiße Blutkörperchen), die mit Vorliebe auf die Jagd nach Herpesviren gehen oder auch »Zellmüll« vernichten.

Die Thymusdrüse liegt in Form zweier rötlichgrauer Gebilde wie eine Schürze zwischen Schilddrüse und Herz. Im Immunsystem hat sie eine ganze Reihe von Aufgaben: Sie »trainiert« weiße Blutkörperchen (zum Beispiel die T-Lymphozyten) und produziert spezielle Hormone, welche die Abwehr gegen Viren und andere Krankheitserreger steuern. Außerdem ist die Thymusdrüse so etwas wie das Hauptquartier des gesamten Lymphsystems und damit das Zentrum unseres Immunsystems überhaupt.

Die Lymphgefäße transportieren Abfallprodukte der Zellen und führen die Lymphflüssigkeit an den Lymphknoten durch Filter, in denen große Abwehrzellen (die Makrophagen) angeschwemmte Mikroorganismen vernichten. Die Lymphknoten enthalten auch B-Lymphozyten (weiße Blutkörperchen), die die massenhafte Produktion von Antikörpern anregen – für den Fall, daß der Organismus von Viren, Bakterien, Pilzen und anderen Krankheitserregern bedroht wird.

Die Haut und die Schleimhautflüssigkeiten, die an allen Körperöffnungen zu finden sind, schirmen nach außen hin – vergleichbar einer Burg mit Wassergraben – gegen die feindliche Umwelt und gefährliche Bakterien und Viren ab. Hier wird die große Masse der Krankheitserreger schon an vorderster Front zurückgeschlagen. Viele werden mit den absterbenden obersten Hautzellen abgeworfen, andere im Körperschweiß vernichtet, wieder andere sterben unter der Haut ab – und werden über das Blut abtransportiert.

Die Körperabwehr wird unterlaufen

Immun sein bedeutet geschützt sein, gesund sein und ist damit die beste Voraussetzung, um fröhlich und fit durchs Leben zu gehen. Eine der wichtigsten Funktionen des Immunsystems ist es demnach, den Körper zu schützen und ihn unempfindlich gegen Eindringlinge zu machen. Doch was bei anderen Virenarten, zum Beispiel bei den meisten Kinderkrankheiten, für unser Immunsystem ein Leichtes ist – nämlich die lebenslange Immunisierung gegen einen bestimmten Erreger – scheint bei Herpes außer Kraft gesetzt. Das macht das Virus so unberechenbar. Zwar bildet der Körper auch hier die sogenannten Gedächtniszellen, die sofort aktiv werden, sobald das ihnen bekannte Virus erneut im Körper auftaucht. Aber im Gegensatz zu anderen Virenarten schafft es die Körperpolizei bei den Herpesviren nicht, sie gänzlich zu vernichten: Sie können sich dem Zugriff des Immunsystems entziehen, indem sie sich in bestimmten Zellen verstecken, und so im Körper überdauern. Wochen, Monate, Jahre oder ein ganzes Leben lang. Einigen Menschen macht das wenig aus. Sie haben nach der Erstinfektion, die meist im Kindesalter stattfindet, genug Antikörper gebildet, die dauerhaft über die Viren wachen. Bei den meisten Menschen sieht das jedoch anders aus. Werden die Viren plötzlich und unvorhersehbar aus ihren Verstecken gelockt, kehren sie über die Nervenbahnen zielsicher zum Ort der ersten Attacke zurück – und beginnen ihr unheilvolles Werk von neuem. Deshalb bricht Herpes meist in der Nähe der Ursprungsstelle wieder aus. Diese erneute Erkrankung nennen die Wissenschaftler »Rezidiv«.

Streß ruft Herpes auf den Plan

Die Stärke oder Schwäche der körpereigenen Polizei hängt immer auch von gewissen äußeren Faktoren ab. Wenn der Körper geschwächt ist, zum Beispiel durch extreme Witterungsbedingungen (Kälte, Hitze, Sonne), durch Streß, hormonelle Veränderungen, schlechte Ernährung, haben die Viren leichtes Spiel.

Einen Zusammenhang zwischen psychologischem Streß, der Anzahl der für das Immunsystem wichtigen Lymphozyten und dem Ausbruch von Herpesrezidiven weist zum Beispiel in der Fachzeitschrift »Family Medicine« eine von David Schmidt veröffentlichte Studie nach. Der Wissenschaftler geht davon aus, daß eine psychologische Stabilisierung die Häufigkeit des Ausbruchs von Lippenherpes vermindern kann.

Seine Kollegin Margaret E. Kemeny untersuchte den Zusammenhang zwischen Streß, Immunsystem und dem Ausbrechen von Genitalherpes. Auch sie geht davon aus, daß es einen Zusammenhang zwischen psychosozialen Situationen, der Abwehrstärke des Immunsystems und dem Ausbruch von Herpes gibt.

Aus Tierversuchen weiß man schon seit langem, daß das Immunsystem immer dann, wenn man die Tiere unter Streß setzt, schlechter funktioniert. Auch bei Menschen konnte nachgewiesen werden, daß die Immunfaktoren durch Streß gesenkt werden. Obwohl dieser Zusammenhang bekannt ist, ist noch unzureichend erforscht, wie die Kette im einzelnen ausgelöst wird.

Wer bekommt Herpes?

Vor allem junge Menschen erkranken an Herpes. Die meisten Erstinfektionen mit Herpes genitalis finden im Alter zwischen 16 und 30 Jahren statt. Aber auch Herpes labialis wird häufiger bei Jüngeren als bei Älteren beobachtet. Warum das so ist, kann man nur mutmaßen: intensive Beziehungen, schmerzhafte Trennungen, Karrierestreben, häufiges Sonnenbaden, ungeregelter Lebenswandel, Alkohol, der rasche Wechsel von Höhen und Tiefen jeder Art, das sind alles Faktoren, die Streß verursachen und auch auf das Immunsystem wirken. Daher kommt Herpes häufiger zum Ausbruch. Ältere Menschen haben normalerweise einen geregelteren Lebenswandel und gehen mit Veränderungen gelassener um.

Glückliche Ehen stärken anscheinend die Abwehrkraft: Getrennt lebende Frauen gehen 30 Prozent häufiger wegen akuter Krankheiten zum Arzt als verheiratete Frauen. Aber auch unglücklich verheiratete Frauen beschreiben sich, so das Forscherehepaar Glaser, als gestreßt und ihren Gesundheitszustand als schlecht. Je schlechter die Ehe nach der Selbsteinschätzung der Versuchspersonen ist, desto schlechter sind auch ihre Immunfunktionen. Außerdem gilt: Je enger der Kontakt zum Noch-Ehemann oder Ex-Ehemann und je kürzer die Trennungsdauer ist, desto schlechter die Abwehrlage.

Wie stark ist Ihr Immunsystem?

Mit Hilfe der folgenden Fragen können Sie herausfinden, wie stark Ihre Abwehrkräfte sind.

1. Fühlen Sie sich nicht mehr leistungsfähig, sondern schlapp und matt? Ist es schon vorgekommen, daß Sie einkaufen gingen und sich bereits nach kurzer Zeit irgendwo hinsetzen und ausruhen mußten?
2. Macht es Ihnen Schwierigkeiten, den Geschichten Ihres Partners oder Ihrer Kinder von Anfang bis Ende zu folgen?
3. Leiden Sie unter Allergien?
4. Wachen Sie morgens wie erschlagen auf, obwohl Sie zeitig zu Bett gegangen sind?
5. Reagieren Sie auf einen harmlosen Streit Ihrer Kinder gereizt und ungerecht?

6. Sind Ihnen Einladungen von Freunden eher lästig?
7. Werden Sie Ihren Schnupfen einfach nicht mehr los, werden Sie häufiger von Herpes geplagt?
8. Haben Sie wenig Appetit oder besonderen Heißhunger auf Kohlenhydrate (Nudeln, Kuchen etc.)?
9. Ist Ihre Haut jetzt ständig schuppig und trocken?
10. Ist Ihnen traute Zweisamkeit mit Ihrem Partner oft zuviel, haben Sie ein starkes Bedürfnis nach Ruhe und Abgeschiedenheit?

Wenn Sie auch nur eine einzige Frage restlos mit »Ja« beantworten können, dann sollten Sie etwas für sich tun. Machen Sie Ihr Abwehrsystem wieder fit. Starten Sie mit dem Immuntrainingsprogramm! (siehe Seite 99 ff.)

Teil II

Küssen verboten?! – Lippenbläschen oder Herpes labialis

Was ist Herpes labialis?

Der Bösewicht, der die lästigen, juckenden und unschönen Bläschen an den Lippen beschert, ist das Herpes-simplex-Virus Typ 1, kurz HSV 1. Das Virus löst eine Infektion aus, die in mehr oder weniger kurzen Abständen immer wieder ausbricht, zwischenzeitlich aber überhaupt nicht bemerkt wird.

Die Durchseuchungsrate ist beachtlich: Über 90 Prozent der Bevölkerung tragen das Virus in sich. Fast jede zweite Frau und jeder dritte Mann leidet heute mehr oder weniger häufig unter einem regelmäßig wiederkehrenden Herpes labialis. Die Infektion mit dem Virus erfolgt in der Regel im Kindesalter. Der innige Körperkontakt zwischen den infizierten Eltern und dem Kind erleichtert die Übertragung des Virus. Haupteintrittspforte ist dabei meistens die Mundschleimhaut. Eine winzige, mit dem bloßen Auge kaum erkennbare Verletzung der Lippen genügt, um dem Virus Tür und Tor zu öffnen. Bei der Erstinfektion liegt die Inkubationsdauer, also die Zeit vom Eindringen des Erregers in den Körper bis zum Ausbruch der Krankheit, zwischen drei und neun Tagen.

Das Heimtückische: Viele Menschen haben als Baby oder in der Kindheit ihre erste Herpes-Erkrankung durchgemacht – ohne etwas davon zu bemerken. Das heißt, sie wissen gar nichts von ihrer Infektion. Denn das Virus liegt seitdem im Körper auf der Lauer. Nach der Erstinfektion hat es sich in den Ganglien, den Schaltstellen der Nervenbahnen, versteckt und wartet dort auf eine günstige Gelegenheit, um wieder hervorzukommen.

Wie der erste Kontakt mit dem Virus erfolgte, ob bei einem Händedruck, bei einem Kuß, bei Haut-zu-Haut- oder Schleimhautkontakt, können die Betroffenen meist kaum noch sagen, da »die Begegnung« in den meisten Fällen auch folgenlos bleibt, wenn das Immunsystem funktioniert. Eines gilt jedoch als sicher: Mit dem Lebensalter steigt auch die Wahrscheinlichkeit, daß man sich mit Herpes infiziert, drastisch an. So wurden bei Babys im Alter von einem Jahr Antikörper nur in 18 Prozent aller Fälle festgestellt, während die Durchseuchungsrate mit Lippenherpes bei den 45jährigen schon 84 Prozent, bei den über 65jährigen 95 Prozent betrug.

Wie macht sich Herpes labialis bemerkbar?

Der bläschenförmige Hautausschlag findet sich beim Herpes labialis überwiegend im Gesicht, dort besonders an den Lippen. In schweren Fällen zieht sich die Bläschenbildung bis zu den Nasenflügeln hinauf und greift manchmal sogar auf die Mundschleimhaut über.

Schon Tage vorher kann sich der Herpes bemerkbar machen. Die zunächst stecknadelgroßen Bläschen, die oft in kleinen Grüppchen auftreten, kündigen sich meist durch Juckreiz, Brennen und Rötungen der Haut an. Auch Spannungsschmerz und ein pelziges Gefühl sind manchmal Vorboten eines Lippenherpes. Nach ein bis zwei Tagen, in vielen Fällen allerdings auch schon innerhalb von wenigen Stunden, zeigen sich die ersten Bläschen. Die akute Phase der Infektion nimmt ihren unheilvollen Verlauf. Jetzt ist die Zeit der Ansteckung am größten. Die Bläschen haben einen klaren Inhalt und ihre Umgebung ist manchmal leicht angeschwollen. Durch Lippenbewegung oder auch durch unvorsichtiges Berühren können sie einreißen, und die in der Flüssigkeit enthaltenen Viren verbreiten sich über den ganzen Körper. Bleiben die Bläschen unversehrt, schließen sie sich nach einer Weile von selbst zusammen, das nennt man »konfluieren«, und der

Bläscheninhalt trübt sich. Jetzt platzen sie von alleine auf und trocknen allmählich ein. Es bildet sich ein bräunlicher Schorf, der nach einigen Tagen abfällt, was – je nach Schwere der Erkrankung – zwischen acht und zwölf Tagen dauern kann.

Medizinisch gesehen ist Herpes labialis eine ungefährliche Krankheit. Sie hinterläßt keine Narben, nur in Ausnahmefällen geht sie mit erhöhter Temperatur, einem Anschwellen der Lymphknoten am Hals, Muskelschmerzen und allgemeinem Unwohlsein einher. Was den Herpes für viele jedoch so belastend macht, ist nur psychologisch erklärbar. Denn die Seele spielt nach Meinung von Psychologen und Ärzten bei Herpes labialis eine immer größere Rolle. Da der Durchseuchungsgrad mit dem Virus in der erwachsenen Bevölkerung bei über 90 Prozent liegt, wird vermutet, daß das seelische Wohlbefinden das Zünglein an der Waage ist, welches über die Aktivierung des im Körper schlummernden Virus entscheidet.

Unterdrückte Aggression

Der Amerikaner J. M. Schneck berichtet in der Zeitschrift »Psychosomatic Medicine« über einen Soldaten, bei dem der Herpes immer dann aufbrach, wenn er seine Aggressionen nicht loswerden konnte. Schneck empfiehlt, weiter darüber zu forschen, inwieweit sich Aggressionen, in diesem Fall auch Aggressionen, die sich gegen einen selbst richten, Ausbruch von Lippenherpes provozieren oder fördern. Der von Schneck beobachtete Soldat fand eine Möglichkeit, seinen Herpes labialis zu unterdrücken. Immer dann, wenn er sich schlecht fühlte, sich über andere aufregte und nicht wußte, wie er sich dagegen wehren konnte, deckte er sich mit humorvoller Literatur ein, die ihn zum Lachen brachte.

Wie kommt es zu Rezidiven?

Jeder, der sich einmal mit dem Herpesvirus infiziert hat, muß mit einem Rückfall rechnen, denn das Virus hat sich ja in den Nervenknoten versteckt und wartet dort, bis es durch ein äußeres Ereignis wieder geweckt wird. Der Auslöser ist von Mensch zu Mensch unterschiedlich. Als Faktoren kommen Erkältungen, Verletzungen, Entzündungen, Zahnbehandlungen, eine Grippe oder auch Ekelgefühle in Frage. Manchmal ist es Berufsstreß, manchmal die Vorfreude auf ein positives Ereignis, manchmal die starke Sonneneinstrahlung im Ski- oder Badeurlaub. Bei Frauen findet sich oft auch ein Zusammenhang zwischen Schwangerschaft, monatlicher Regelblutung und der Reaktivierung eines Lippenherpes. Darüber hinaus spielen auch Erbfaktoren, frühere Erkrankungen oder das Lebensalter eine Rolle beim Wiederauftauchen der Viren. So ist zum Beispiel das Immunsystem des Menschen von der Kindheit bis zu seinem 40. Lebensjahr besonders stabil und wirksam. Danach schwächt es sich ab, weil vor allem die Thymusdrüse schlechter arbeitet. Damit erhöht sich die Wahrscheinlichkeit für einen Herpesrückfall. Seinem Herpes auf die Spur zu kommen ist ein richtiges Detektivspiel. Und jeder muß sich selbst und seine Lebensumstände und Gewohnheiten genau unter die Lupe nehmen.

(Unsere Checkliste am Ende dieses Buches hilft Ihnen dabei, die Erkrankung genauer kennenzulernen und sich auf sie vorzubereiten.)

Lassen sich Rückfälle sicher verhindern?

Die Antwort lautet »Nein«. Aber jeder kann seine Leidenszeiten verkürzen. Eine gesunde Lebensweise und ein möglichst streßfreier Alltag sind die besten Garantien, um die Herpesrückfälle zu verringern. Damit Rezidive möglichst kurz und schmerzfrei verlaufen, ist es wichtig, sehr früh die geeigneten Maßnahmen zu treffen, um die Infektion einzudämmen. Sobald der Juckreiz einsetzt, ein Kribbeln spürbar wird, ist es höchste Zeit für eine Therapie. Welche Therapie am besten hilft, wissen viele Betroffene selbst. Die einen schwören auf Salben, die anderen auf bestimmte Hausmittel, aber einig sind sich alle darüber, daß nur ein schnelles Eingreifen auch zu einem schnellen Ausheilen führt. Generell gilt: Allein Virostatika können eine Ausbreitung der Viren verhindern. Alle anderen Hausmittel können lindern und in gewisser Weise auch helfen, aber die Vermehrung der Viren ist mit Hausmitteln allein nicht zu unterbinden.

Kann man sich vor einer Reinfektion schützen?

Wer zu Lippenherpes neigt, muß nicht nur damit rechnen, daß die bereits im Körper vorhandenen Viren reaktiviert werden und es zu einem Rezidiv kommt, sondern er ist auch von Neuansteckungen, sogenannten Reinfektionen nicht gefeit. Denn die Herpesviren treten in vielerlei Variationen und Mutationen auf und gegen jeden neuen Virustyp müssen sich die Abwehrkräfte erst neu formieren. Aber eigentlich sind nur die beiden Typen HSV 1 und HSV 2 für den Menschen wichtig.

Hier ein paar Tips:

- Küssen Sie niemanden, der akut unter Lippenherpes leidet. Auch nicht auf die Wange.
- Vermeiden Sie möglichst jeden Körperkontakt mit dem Betroffenen. Reduzieren Sie Hautkontakt auf ein Minimum.
- Waschen Sie sich auch nach einem Händeschütteln gründlich. Das Virus kann außerhalb des menschlichen Körpers einige Stunden lang überleben. Daher ist es möglich, daß es sich auch an Handtüchern, an Gläsern, an Eßbestecken oder an Lippenstiften befindet und Sie sich durch Mitbenutzung anstecken. Sollten Sie trotzdem Hautkontakt gehabt oder etwas be-

rührt haben, das mit Herpesviren infiziert sein könnte, waschen Sie sich sobald wie möglich gründlich die Hände. Am besten waschen Sie auch den Mund und das Gesicht mit Wasser und Seife.

Lippenherpes ist eine Gefahr fürs Auge

Die Übertragung von Herpesviren von den Lippen zum Beispiel auf andere Körperteile nennt man Schmierinfektion. Besonders gefährlich ist dies, wenn das Virus auf die Augenschleimhäute gelangt. Im Prinzip kann die ständig wiederkehrende Erkrankung dazu führen, daß die Hornhaut nach und nach undurchlässig wird und man immer schlechter sehen kann – bis zur völligen Erblindung. Wer bei einem Lippenherpes plötzlich Schmerzen im Auge bemerkt, sollte umgehend den Arzt aufsuchen. Es gibt antiviral wirkende Mittel, die als Augensalbe angewendet werden können. Leider tritt aber ein Herpes, wenn er einmal das Auge befallen hat, in fast 50 Prozent aller Fälle auch dort als Rezidiv gelegentlich wieder auf. Wer unter einem Herpes leidet, sollte alles tun, um die Verschleppung der Viren ins Auge zu verhindern. Für Kontaktlinsenträger kann das bedeuten, daß sie in der Zeit eines akuten Lippenherpes möglichst auch auf das Einsetzen von Kontaktlinsen verzichten, da die Viren auf diesem Weg ins Auge übertragen werden können.

Lippenherpes und Schminke

Schminken ist erlaubt, nur sollte es vermieden werden, den gleichen Stift für Augen und Lippen zu benutzen. Also auf keinen Fall zum Beispiel einen Kajalstift um die Lippen und anschließend um die Augen ziehen. Das ist wichtig. Es ist auch nicht ratsam, seine Schminkstifte mit anderen zu teilen. Auf jeden Fall den Stift nach jeder Anwendung abwischen und reinigen.

Was Sie bei Lippenherpes tun können

Die erste Infektion mit dem Virus muß man nicht unbedingt merken, denn manchmal verläuft das Rendezvous mit dem winzigen Erreger ohne Symptome. Die Rückfälle jedoch kündigen sich in der Regel deutlich an. Meist juckt, spannt oder schmerzt es in der Gegend, in der sich die Bläschen breitmachen wollen. Bei einigen Menschen bleibt es bei einem harmlosen Jucken mit wenigen Bläschen, andere haben heftige Beschwerden.

Für die Behandlung von Lippenherpes sind vielerlei Hausmittel und Arzneien im Umlauf. Sie alle haben eins gemeinsam: Den hartnäckigen Viren können sie in der Regel kaum etwas anhaben. Aber sie helfen in vielen Fällen, die Beschwerden zu lindern und den Abheilungsprozeß zu beschleunigen. Eine schnelle und sofortige Reaktion auf erste Anzeichen eines Herpes labialis kann ein wichtiger Schritt in Richtung Besserung sein.

Aciclovir. Das ist der wohl bekannteste Wirkstoff im Kampf gegen Herpes. Er ist in den meisten Cremes enthalten, die man in der Apotheke kaufen kann, und wird bei Lippenherpes lokal auf die betroffenen Stellen aufgetragen. In der Regel wird die Creme fünf Tage lang angewendet.

Besprechen. Sogar Schulmediziner empfehlen manche Herpespatienten an Menschen weiter, die sich auf die Kunst des Besprechens verstehen. Die Behandlung verläuft, abhängig von den beteiligten Personen, sehr unterschiedlich. Eines ist allen gemeinsam: Das jeweilige Ritual wird streng geheimgehalten. Warum die Methode so erfolgreich ist, darüber gibt es nur Rätselraten. Die einen vermuten einen positiven Effekt auf das Immunsystem und einen dadurch schnelleren und leichteren Krankheitsverlauf. Die anderen glauben an eine positive psychische Beeinflussung der erkrankten Person, die allein durch das Ruhe und Geborgenheit vermittelnde Ritual Sicherheit gewinnt und ihre Selbstheilungskräfte aktivieren kann.

Echinacin. Dieser Wirkstoff aus dem Purpursonnenhut stärkt das Immunsystem. Das ist besonders bei Viruserkrankungen von entscheidender Bedeutung. Denn ein geschwächtes Immunsystem reagiert anfälliger und kann mit Eindringlingen nicht so kompetent fertig werden. Empfohlen wird die Einnahme von täglich dreimal jeweils fünf Tropfen, um Rückfällen vorzubeugen.

Eiswürfel. Kälte kann helfen, die Entzündung zu lindern. Darüber hinaus mag das Herpesvirus keine Kälte. Deshalb empfehlen manche, bei den ersten Anzeichen, dem ersten Kribbeln, Eiswürfel zu zerstoßen, sie in ein Leinentaschentuch zu geben und auf die befallenen Lippen zu legen.

Heilerde soll beruhigend auf die Bläschen wirken. Eine Packung aus Heilerde und Kieselsäure-Gel miteinander mischen und mehrmals täglich auf die Bläschen auftragen.

Heilpflanzen. Bewährt haben sich bei Lippenherpes Extrakte aus Melissenblättern, Ringelblume und Kamille. Sie werden auf die betroffenen Stellen getupft.

Immuntherapie, zum Beispiel mit Thymosand, stärkt und harmonisiert die Abwehrkräfte des Immunsystems.

Melisse. Das Öl aus Melissenblättern wird auf ein Mulltüchlein getröpfelt und auf die befallenen Stellen gedrückt. Es wirkt beruhigend.

Seife. Das gute alte Hausmittel Nummer eins. Was bei juckenden Mückenstichen hilft, soll auch den Juckreiz bei den Herpesbläschen lindern und sie austrocknen. Man nimmt ein Stück angefeuchtete Seife, tupft sie auf die betroffenen Hautpartien und wartet.

Vitamin C spielt eine wichtige Rolle bei der Bildung von Kollagen, beim Wachstum und bei der Reparatur von Körperzellen und Blutgefäßen. Es beschleunigt Heilungen, hilft bei der Vorbeugung gegen Virus- und Bakterieninfektionen und steigert die Immunabwehr. Gerade unter Streß wird es vermehrt verbraucht und muß aus diesem Grund ständig ersetzt werden. Es ist enthalten in Zitrusfrüchten, Beeren, grünem Blattgemüse, Tomaten, Blumenkohl, Hagebutten, Kartoffeln und Paprikaschoten. Das beste Vitamin-C-Präparat ist das, was den vollständigen C-Komplex aus Bioflavonoiden, Hesperidin und Rutin enthält. Vitamin-C-Pulver aus der Apotheke mit etwas Wasser zu einem Brei gemischt und wiederholt auf die erkrankte Haut aufgetragen soll ebenfalls Erleichterung bringen.

Zahnpasta. Ein Tupfer davon auf die Bläschen kühlt und hat einen austrocknenden Effekt.

Drei Fälle von Lippenherpes

Fall 1: Besprechen hat geholfen

»Meinen Lippenherpes, den ich seit der Kindheit habe und den ich seitdem bis zu dreimal im Jahr – meistens durch Streß – bekommen habe, bin ich durch Besprechen losgeworden. Ich hatte vorher alles mögliche dagegen ausprobiert, von den üblichen Mitteln, die man in der Apotheke kaufen kann, über Betupfen mit Eiswürfeln, Zahnpasta. Es hat alles nichts geholfen. Ich war insgesamt

dreimal wegen einer Gesichtsrose bei einer Frau, die sich mit dem Besprechen auskennt. Bei dem letzten Besuch fragte ich sie noch, ob sie mir auch bei meinem Lippenherpes helfen könnte ... Sie nickte und fuchtelte daraufhin mit den Fingern in der Gegend meines Gesichtes herum und murmelte wieder etwas, was ich nicht verstehen konnte. Das ist jetzt sieben Jahre her. Seitdem, ich kann es bis heute nicht glauben, bin ich absolut beschwerdefrei. Für mich ist das heute noch ein Wunder, und ich bin sehr dankbar, daß ich diese Frau treffen konnte.«
(Frau G., 54 Jahre)

Fall 2: Kampf mit Stärkemehl und Melisse
»Gegen Lippenherpes habe ich eine kleine Tube Lomaherpan, das ist ein Melissenextrakt. Das hilft immer. Die Bläschen kommen zwar trotzdem, aber sie gehen nicht auf. Und es tut nicht so weh. Wenn ich merke, daß es losgeht, nehme ich die Salbe. Weil das ja meistens auch am Wochenende passiert, habe ich immer eine Tube im Haus. Und wenn die leer ist, hole ich mir die nächste. Auch wenn der Herpes dann weg ist. Ich habe das Mittel immer bei mir, um sofort reagieren zu können, wenn es wieder losgeht. Was ich auch noch gemerkt habe ist, daß es mir hilft, wenn ich Stärkemehl auf die betroffene Stelle tupfe. Das hat einen Kühleffekt, es trocknet ein und somit aus.«
(Eva S., 40 Jahre)

Fall 3: Mit Zovirax und Humor gegen den Ekel

»Ich bekomme Lippenherpes immer dann, wenn ich mich vor etwas ekele. Und es ist vollkommen egal, was es ist. Das kann ein schmutziges Glas sein, aber auch wenn ich sehe, daß meine Freundin zum Beispiel Lippenherpes hat. Ich brauche sie nur zu sehen mit den kleinen Bläschen, und dann bekomme ich innerhalb kürzester Zeit auch einen Herpes. Obwohl ich es dann schon vermeide, sie zu küssen. Der bloße Anblick reicht. Ich versuche es, dem Herpes mit Humor zu begegnen und mit Zovirax. Das habe ich immer im Kühlschrank liegen. Und wenn ich es gleich auftrage, nachdem ich etwas gesehen habe, wovor ich mich richtig geekelt habe, dann kann ich den ganz schlimmen Ausbruch sogar unterdrücken. Die Stelle kribbelt dann nur ein wenig, und sie wird dicker. Aber den ganz schlimmen Anblick kann ich damit eindämmen.«
(Norman M., 35 Jahre)

Herpes besprechen

Die offensichtliche Heilwirkung durch Besprechung bei Herpes labialis erklären sich Mediziner unter anderem mit der positiven Auswirkung des Besprechens auf das Immunsystem. Allein die Erfahrung, daß da auf einmal jemand ist, der helfen will, rufe in den Betroffenen das Gefühl von Sicherheit und Halt hervor. Schon das kann das Immunsystem stärken und somit helfen, mit der Erkrankung besser fertig zu werden.

Herpes genitalis – Liebesgrüße der unerfreulichen Art

Was ist Herpes genitalis?

Bei Herpes genitalis handelt es sich um eine Infektion mit dem Herpes-simplex-Virus vom Typ 2. Sie gehört zu den häufigsten durch Geschlechtsverkehr direkt übertragenen Infektionen. Die Zahl der Betroffenen kann nur geschätzt werden, da der Genitalherpes im Gegensatz zu anderen Geschlechtskrankheiten nicht meldepflichtig ist. Experten gehen davon aus, daß 15 Prozent der erwachsenen Bevölkerung mit dem Virus infiziert sind. Die Dunkelziffer dürfte weit höher, bei 30 bis 40 Prozent, liegen. Denn neben der Tendenz von Betroffenen, die Erkrankung aus Gründen des Schamgefühls zu verbergen, gibt es noch ein weiteres Problem: In vielen Fällen weiß der mit dem Virus Infizierte und somit für andere Ansteckende gar nichts von seiner Erkrankung, weil die Erstinfektion, wie man das nennt, »klinisch stumm« verlaufen kann, also ohne daß überhaupt Krankheitsanzeichen gespürt werden.

Wie macht sich Herpes genitalis bemerkbar?

Wenn diese Herpeserkrankung auch nicht so offensichtlich zutage tritt wie der Herpes labialis, der überwiegend im Gesicht und an den Lippen sein Unwesen treibt, ist der Bereich des Körpers, an dem das Virus sein Wirkungsfeld entfaltet, um so schambesetzter. Die Bläschen besiedeln hier meist die Geschlechtsorgane, manchmal auch den After oder den Bereich von Gesäß und Oberschenkeln. Das Herpes-simplex-Virus vom Typ 2, kurz HSV 2, tritt überwiegend unterhalb der Gürtellinie auf und ist um einiges bösartiger, ansteckender und aggressiver als das Virus vom Typ 1, welches den Lippenherpes auslöst. Bei einer Erkrankung mit Herpes genitalis werden wesentlich mehr Hautzellen zerstört, da sich das HSV 2 in den äußeren Hautschichten zehnmal stärker vermehrt als das HSV 1.

Für Dauer und Schwere der ersten Infektion spielt eine Rolle, ob früher schon mal eine Herpeserkrankung, zum Beispiel ein Herpes labialis, durchgemacht wurde. In diesen Fällen kann der Körper mit der Infektion offenbar besser umgehen, und sie verläuft kürzer und leichter, weil sich das Immunsystem schneller auf die Bekämpfung des Virus einstellen kann.

Der Krankheitsverlauf ähnelt dem des Herpes labialis. Drei bis neun Tage nachdem der Erreger über kleine Risse in der Haut in den Körper eingedrungen ist, macht er sich bemerkbar. Erste Anzeichen sind oft Juckreiz und Spannungsgefühl im Bereich der äußeren Geschlechtsorgane, bei Frauen auch vermehrter Ausfluß. Beim Geschlechtsverkehr, wenn er überhaupt noch möglich ist, können Schmerzen auftreten, Brennen beim Wasserlassen ist ebenfalls typisch für die Infektion. Bei Frauen breiten sich Herpesbläschen mitunter über die Schamlippen in die Scheide bis in den Gebärmutterhals aus. Aus den geplatzten Bläschen kann eine einzige große Wundfläche entstehen, die sich im feuchten Scheidenmilieu nur sehr schwer wieder schließt. In extremen Fällen ist sogar die Harnröhre befallen. Bei Männern zeigen sich die Bläschen am Penis, an der Vorhaut und manchmal auch am Hodensack.

Im zweiten Stadium der Infektion trüben sich die heimtückischen Bläschen nach einigen Tagen ein und platzen auf. Im dritten trocknen sie innerhalb von ein bis zwei Wochen aus, und die Beschwerden klingen ab. Wie beim Lippenherpes bleiben meist keine Narben zurück.

Frauen und Genitalherpes

Es ist bekannt, daß wesentlich mehr Frauen als Männer an Herpes genitalis leiden. Und das liegt nicht etwa an einer unvorsichtigeren Lebensweise der Frauen, sondern hat ganz einfach anatomische Gründe: Frauen besitzen eine vergleichsweise größere Schleimhautfläche. Menstruation und kleine Verletzungen beim Verkehr machen diese durchlässiger für Krankheitserreger. Genau wie beim HIV-Virus ist die Infektion von Frauen – aus der Sicht des Virus – deshalb sehr viel häufiger erfolgreich. Wegen dieses körperlichen Unterschieds müssen Frauen also sehr viel vorsichtiger und achtsamer sein als Männer.

Das gilt auch für die Verhinderung von Rezidiven: Unterkühlung beim oder nach dem Baden kann einen Rückfall begünstigen. Jedes Auskühlen des Unterleibs schwächt und macht anfälliger für Infektionen. Aber auch Hormonveränderungen durch die monatliche Periode, durch Schwangerschaft oder den Beginn der Wechseljahre können das Wiederauftauchen der Bläschen provozieren. Außerdem werden nach längerem und besonders häufigem Geschlechtsverkehr vermehrt Herpesrezidive festgestellt.

Was löst Rezidive aus?

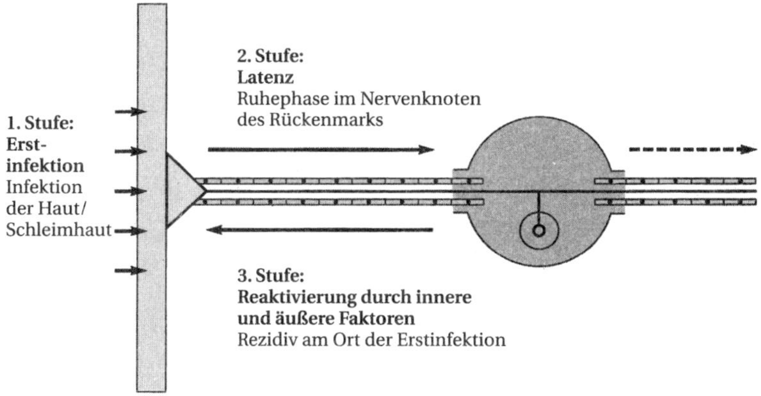

Wie seine Verwandten vom Typ 1 lauern auch die Herpes-simplex-Viren vom Typ 2 ein Leben lang im Körper und warten auf ihren Einsatz. Ihr Quartier haben sie in den neben dem Rückenmark liegenden Nervenknötchen, den Ganglien. Sobald die Abwehrkräfte des Körpers sie nicht mehr in Schach halten, schlagen sie zu. Doch Fälle der Wiedererkrankung bei Herpes genitalis sind in der Regel weniger schmerzhaft und dauern auch nicht so lange wie die Erstinfektion. Etwa ein Drittel der einmal Betroffenen muß damit rechnen, später unter regelmäßig wiederkehrenden Rezidiven zu leiden. Warum die im Körper vorhandenen Antikörper das Virus bei Rückfällen nicht erfolgreich bekämpfen können, ist bislang nicht geklärt.

Man weiß jedoch, daß Rezidive immer dann auftreten können, wenn das Immunsystem geschwächt ist.

Und Belastungen, die das Immunsystem aus dem Gleichgewicht bringen, gibt es reichlich. Das kann eine leichte Erkältung oder Grippe genauso sein wie körperliche Belastung beim Sport. Jedes Warnzeichen, das leichtsinnig übergangen wird, wie Mattigkeit, Erschöpfung, Schlaflosigkeit, kann der Vorbote eines Herpesrezidivs sein. Auch extremer körperlicher Streß, wie er zum Beispiel bei Operationen auftritt, kann das Virus wieder auf den Plan rufen. Von starker Sonneneinstrahlung bis zu Alkoholmißbrauch reicht die Palette der Ursachen für das Auftauchen der Bläschen im Genitalbereich. Starker psychischer Streß, wie zum Beispiel lang anhaltende depressive Stimmungen, können das Wiederauftreten des Virus ebenfalls begünstigen.

Wie kann man sich und andere schützen?

Herpes genitalis ist eine sehr unangenehme und psychisch belastende Erkrankung. Daher sollte man, solange es geht, versuchen, sich davor zu schützen. Zunächst einmal ist es wichtig zu wissen, daß man sich nicht nur anstecken kann, wenn der von Herpes genitalis Betroffene sein Bläschenleiden spürt oder wenn die Bläschen sichtbar vorhanden sind (siehe Kapitel »Herpes und Geschlechtsverkehr«, S. 73). Wissenschaftliche Untersuchungen haben bewiesen, daß ein florierender (in voller Entwicklung stehender) HSV 2-Infekt mit hoher Wahrscheinlichkeit, nämlich bis zu 80 Prozent, auf den Sexualpartner übertragen werden kann. In diesem Zeitraum sollte man auf Geschlechtsverkehr mit Betroffenen auf jeden Fall verzichten, denn selbst Kondome können hier nur geringen Schutz bieten, da Herpesviren auch durch Hautkontakt neben den Geschlechtsorganen übertragen werden. Wer aber dennoch mit jemandem Geschlechtsverkehr hatte, der an einem Herpes genitalis erkrankt ist, sollte sich sofort vom Arzt mitbehandeln lassen, auch wenn er selbst keine Krankheitssymptome an sich verspürt. Wichtig: Falls Sie einen neuen Sexualpartner haben, fragen Sie ihn auf jeden Fall, ob er von Herpes betroffen ist! Dann können Sie von vornherein die richtigen Maßnahmen ergreifen, um sich vor Ansteckungen oder Rezidiven zu schützen. Denn solange die Herpesviren während ihrer latenten Phase im Nervengewebe ruhen, sind sie nicht ansteckend.

Wenn Sie selbst Herpes genitalis haben, sollten Sie natürlich auch darauf achten, andere nicht zu infizieren. Da nicht ausgeschlossen ist, daß man jemand anderen, zum Beispiel im Schwimmbad, anstecken kann, sollte man schon aus diesem Grund während der Zeit der Infektion auf Sauna und Schwimmbad verzichten. Die Viren selbst sind hitzeempfindlich.

Außerdem wichtig: Bei Läsionen – das sind kleine Wunden, Risse oder Entzündungen der Haut – besteht ein großes Risiko, daß Pilze oder Bakterien in den Körper eindringen. Damit erhöht sich die Gefahr einer zusätzlichen Infektion.

Pilze und Bakterien siedeln sich gerne auf geschädigter Haut an. Zudem gibt es Hinweise, daß sich Herpes-genitalis-Patienten sehr viel leichter mit AIDS infizieren. Da die Schleimhäute schon geschädigt sind, wird dem Aids-Virus das Eindringen in den Körper erleichtert.

Herpes und Geschlechtsverkehr

Wenn eine Frau Herpes genitalis hat, dann ist Geschlechtsverkehr in der Regel aufgrund der auftretenden Schmerzen nicht möglich – von der akuten Ansteckungsgefahr einmal ganz abgesehen.

Allerdings bemerken viele ihren Herpes genitalis überhaupt nicht. Schon ein kleines Jucken oder Kribbeln am Oberschenkel kann der Herpes sein. Viele Menschen wissen das nicht – aber es ist nachgewiesen, daß 80 Prozent aller Übertragungen eines Herpes genitalis in der sogenannten asymptomatischen Phase erfolgen. Das heißt, die Patienten sind symptomfrei, haben Verkehr und stecken den Partner an. Frauen mit einem regelmäßig rezidivierenden Herpes genitalis scheiden ein bis zwei Wochen vor der akuten Bläschenbildung und noch ein bis zwei Wochen nach Abheilung ansteckende Viren aus. Deshalb ist Herpes genitalis auch dann gefährlich, wenn man überhaupt nichts von ihm merkt. Es gibt keine Sicherheit. Selbst ein Kondom nützt nichts. Denn wenn man den Ausschlag an der Pobacke hat, dann hilft auch ein Kondom nicht. Der Herpes muß keineswegs nur an der Scheide oder am Penis sitzen. Außerdem kann Genitalherpes durch Oralsex übertragen werden.

Was Sie bei Herpes genitalis tun können

Der Herpes genitalis beginnt meistens mit starken Schmerzen und einem Brennen im Genitalbereich. Kurz danach finden sich die typischen Bläschen, dazu kommen häufig Muskelschmerzen, leichte Schlappheitsgefühle wie bei einer fiebrigen Erkrankung, die auch mit Kopfschmerzen und einer tatsächlich erhöhten Temperatur verbunden sein können. Eine Selbstbehandlung ist hier nicht ratsam, kann sogar gefährlich sein. **In diesem Fall muß umgehend der Arzt konsultiert werden,** denn die Krankheit kann sich gefährlich ausweiten.

Aciclovir – ist der wohl bekannteste Wirkstoff im Kampf gegen Herpes. Er ist in den meisten Cremes und Tabletten enthalten, die der Arzt bei der Therapie des Herpes genitalis einsetzen wird. Bei einem chronisch rezidivierenden Herpes genitalis werden die Medikamente in schweren Fällen auch eingesetzt, um das Virus zu unterdrücken.

Drei Fälle von Genitalherpes

Fall 1: Herpes vom Ex-Freund?
»Als die Krankheit ausbrach, war ich erkältet und gestreßt. Ich hatte zu der Zeit keinen Partner und keinen Geschlechtsverkehr, so daß ich es als ungerecht empfand, daß ich mich mit dem Herpes genitalis infiziert hatte. Ich hatte doch nichts getan. Ich war mir keiner Schuld bewußt. Auch in der Familie ist seit Generationen kein Herpes aufgetreten. Einzige Ausnahme: Mein Ex-Freund, von dem ich mich vor sechs Monaten getrennt habe. Der hatte einen Herpes an der Lippe. Wir waren zwar immer vorsichtig, wenn er Bläschen am Mund hatte, aber vielleicht hat das nicht gereicht.«
(Frau M., 34 Jahre)

Fall 2: Mit Pilzinfektion verwechselt
»Mein Herpes trat gerade jetzt, mit 44 Jahren, zum ersten Mal auf. Im Bereich meiner Scheide brannte und juckte es, aber ich hatte keinen Ausfluß, so daß ich zunächst an nichts Böses dachte. Zunächst vermutete ich, daß ich eine Pilzinfektion haben könnte. Ich nahm eine Salbe gegen Pilzinfektion, aber es besserte sich nicht. Da ich ohnehin einige Tage später beim Gynäkologen angemeldet war, wartete ich mit einer weiteren Behandlung. Beim Arzt be-

kam ich erst einmal einen Riesenschreck, als er bei mir einen Genitalherpes feststellte. Er gab mir Aciclovir, eine Creme, die ich alle zwei Stunden auf die befallenen Stellen auftrug. Nach fünf Tagen war ich beschwerdefrei.«
(Frau J., 44 Jahre)

Fall 3: Genitalherpes von der Toilette?
»Mein Herpes genitalis brach aus, als ich im Krankenhaus die Patienten-Toilette benutzt hatte. Ich glaube, ich habe mich einfach vor der Klobrille geekelt. Die Vorstellung, daß da die Patienten mit ihren Krankheiten drauf gesessen haben und die Toilette vermutlich vorher nicht desinfiziert war, löste bei mir richtigen Ekel aus. Ich bin selbst sehr penibel, vielleicht auch ein bißchen zu penibel, so daß ich auf Unordnung und die Benutzung von nicht ganz sauber scheinendem Geschirr oft schon mit Lippenherpes reagierte. Mein Mittel gegen Herpes: In Gaststätten alles zurückweisen, was nicht sauber ist, und alles abwischen, bevor man es benutzt.«
(Frau R., 34 Jahre)

Eine Frage des Alters? – Gürtelrose oder Herpes zoster

Was ist Herpes zoster?

Der Erreger der Gürtelrose (Zoster) ist der gleiche Erreger, der auch Windpocken (Varicellen) bei Kindern hervorruft. Sein Name ist daher Varicella-Zoster-Virus. Die Erstinfektion mit diesem Virus löst eine Krankheit aus, die fast jeder Mensch im Kindesalter durchmacht: die Windpocken. Die Reaktivierung findet, wenn überhaupt, in den meisten Fällen erst nach Jahren und da dann oft erst im fortgeschrittenen Alter statt. Und dann heißt die Krankheit, die aufgrund ihres schmerzhaften Verlaufs gefürchtet ist, »Gürtelrose«.

Der Anteil der Bevölkerung, der das Varicella-Zoster-Virus in sich trägt, liegt nahezu bei 100 Prozent. Denn fast alle machen die Krankheit, die in jungen Jahren zwar ent-

Von den Windpocken zur Gürtelrose

a) Windpocken b) Latenzphase c) Herpes zoster (Gürtelrose)

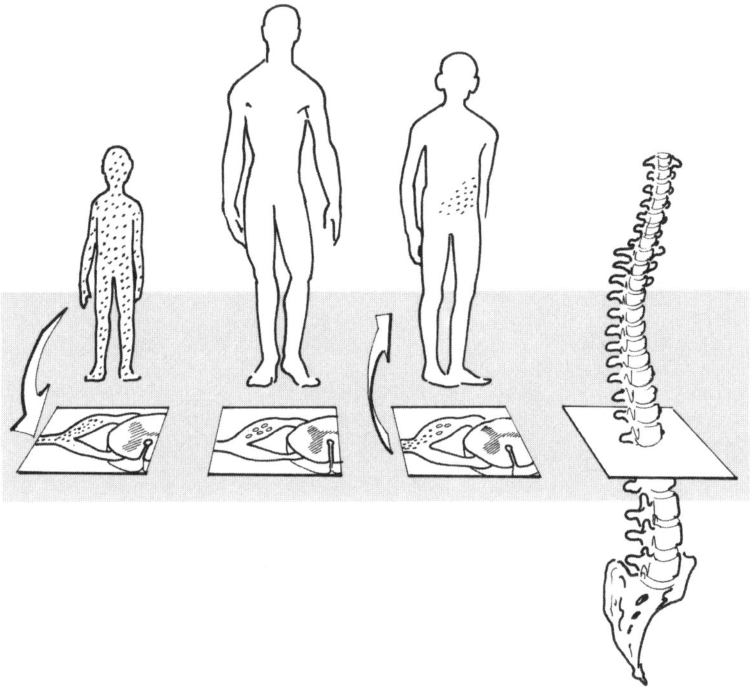

a) Die Viren, die beim Kind Windpocken auslösen, können
b) das gesamte Erwachsenenalter hindurch im Nervenknoten (Ganglien) nahe der Wirbelsäule »ruhen« und
c) im späteren Lebensalter reaktiviert werden. Dann kehren sie über die Nervenbahnen in die Haut zurück und verursachen Gürtelrose.

setzlich juckt, aber da fast immer harmlos verläuft, als Kinder durch. Danach besteht in der Regel ein lebenslanger Immunschutz – was die Windpocken betrifft.

Wer jedoch wider Erwarten in der Kindheit nicht von den rötlichen, nervtötend juckenden Bläschen heimgesucht worden ist und sich dann als Erwachsener ansteckt, muß sofort zum Arzt. Denn nun droht dem Körper ein erheblich schwererer Krankheitsverlauf, und es muß mit ernsthaften Komplikationen gerechnet werden. Typische Begleiterscheinung einer Infektion mit Windpocken bei Erwachsenen ist eine Lungenentzündung.

Bei vielen Menschen macht sich das Varicella-Zoster-Virus im Erwachsenenalter als Gürtelrose wieder bemerkbar. Nach der ersten (Windpocken-)Infektion sind die Viren in die Nervenknoten nahe der Wirbelsäule abgewandert und warten dort meist viele Jahre lang, ohne daß ein Rückfall stattfindet. Im Erwachsenenalter, etwa ab dem fünfzigsten Lebensjahr, werden diese Viren dann manchmal aufgrund einer Schwächung des körpereigenen Abwehrsystems erneut aktiv. Jetzt rufen sie eine Gürtelrose, auch Herpes zoster genannt, hervor.

Wie macht sich Herpes zoster bemerkbar?

Das Virus kündigt das Ende seines jahrelangen Dornröschenschlafes und den Beginn seines unheilvollen Wirkens meist Tage vorher an. Noch ehe auch nur ein Bläschen zu sehen ist, bemerken die Betroffenen ein Ziehen, Brennen oder Stechen in der Körpergegend, in der die Krankheit ausbrechen will. Die empfundene Stärke der Schmerzen steht nach Meinung der Mediziner in Beziehung zum Alter der Betroffenen. Bei Jüngeren sind sie seltener ein Problem; bei älteren Menschen treten sie dagegen oft sehr ausgeprägt auf. Weitere Anzeichen können Abgeschlagenheit und leichtes Fieber sein. Danach kommt es zu entzündlich geröteten und mit Flecken und Knötchen einhergehenden Hautveränderungen, aus denen sich gruppenartig angeordnete Bläschen entwickeln. Innerhalb der nächsten sieben bis zehn Tage bilden sich immer neue Hautausschläge, die sich scheinbar gürtelförmig meist um die Lenden winden. Diese Besonderheit gab der Infektion auch ihren Namen. Denn »zoster« kommt aus dem Griechischen und heißt übersetzt »Gürtel«.

Obwohl die Gegend um die Körpermitte am häufigsten betroffen ist, bricht die Infektion auch in anderen Regionen aus, zum Beispiel an Hals und Kopf. In diesem Fall wird die Infektion »Gesichtsrose« genannt. Bedenklich wird es, wenn die Augen oder Nerven im Gesichtsbereich betroffen sind. Denn dann können Verwachsungen und Vernarbungen auftreten, die Sehstörungen, Linseneintrübung oder chronische Infektionen nach sich ziehen. Im schlimmsten Fall ist das Augenlicht bedroht.

Typisch für die Erkrankung ist, daß sie im Normalfall streng auf eine Körperseite begrenzt ist. Bei einem unkomplizierten Verlauf verkrusten die Bläschen und heilen dann anschließend ab. Dieser Prozeß dauert in der Regel etwa zwei bis drei Wochen.

Doch dieses Virus verhält sich, neben seiner Eigenschaft, jahrelang im Körper auf seinen Einsatz zu warten, überaus heimtückisch. Denn es kann noch lange nach dem Abheilen der Infektion zu heftigen Schmerzen an der ehemals befallenen Körperstelle kommen. Dabei fehlt in der Regel der für die Krankheit typische Hautausschlag.

Von diesen »postzosterischen Schmerzen«, die ihren Ursprung in der Zerstörung sensorischer Nervenbahnen haben, sind ungefähr ein Viertel der älteren Patienten betroffen. So viele klagen meist noch vier Wochen nach der Krankheit über heftige Schmerzen. Einige leiden bis zu sechs Monate nach der Erkrankung so sehr, daß die Krankheit zu einer wirklichen Beeinträchtigung der Lebensqualität werden kann. Starke Schmerzmittel, manchmal auch der Einsatz von Antidepressiva, können den Betroffenen meist über die Qualen hinweghelfen. In ganz hartnäckigen Fällen überweisen die Ärzte sie zu Schmerztherapeuten, die sich auf die Behandlung von chronisch Schmerzkranken verstehen.

Wie alle anderen Herpesinfektionen ist auch die Gürtelrose besonders dann gefährlich, wenn jemand zusätzlich unter einer anderen schweren Krankheit leidet, die die Widerstandskraft schwächt. In solchen Fällen kann sich die Gürtelrose sogar über den ganzen Körper ausbreiten.

Ganz wichtig: Um Verwechslungen mit anderen Erkrankungen, zum Beispiel solchen der Wirbelsäule, zu vermeiden, sollten Patienten mit Zosterbeschwerden auf jeden Fall einen Arzt aufsuchen, denn nur dann kann rechtzeitig mit einer wirksamen Behandlung begonnen werden.

Zoster oticus

Das ist eine Herpesinfektion im Bereich der Ohren, die unbedingt in die Hände eines Arztes gehört. Die Patienten leiden an Schmerzen im oder am Ohr, sie klagen über Gleichgewichtsstörungen, Schwindel oder Sehstörungen. Es fehlen jedoch die sonst so typischen Hautausschläge. Daher besteht ein hohes Risiko für Fehldiagnosen. Wird der Zoster oticus rechtzeitig erkannt, kann er behandelt werden. Das Risiko von Komplikationen, zum Beispiel Neuralgien, anhaltenden Schmerzen oder einer teilweisen Gesichtslähmung (Fascialisparese), läßt sich dann minimieren. Die Gefahr postherpetischer Neuralgieschmerzen (über das Abklingen der Infektion hinaus) steigt mit dem Lebensalter und liegt bei den über 70jährigen bei immerhin mehr als 70 %. Sie haben ihren Ursprung, soweit der Forschungsstand, in Nervenschädigungen, die sich nicht mehr reparieren lassen.

Ist Herpes zoster ansteckend?

Zunächst die gute Nachricht: Während andere Herpeserkrankungen mühelos von einer Person auf die nächste übertragen werden können, trifft das auf das Varicella-Zoster-Virus nur bedingt zu. Die Ansteckungsgefahr bei Zoster ist vergleichsweise gering. Und doch können Gürtelrose-Patienten bei Kindern und Erwachsenen Windpocken auslösen, falls diese noch nicht daran erkrankt waren. Windpocken selbst sind hochansteckend.

Normalerweise erkrankt man im Leben nur einmal an einer Gürtelrose. Sie tritt wesentlich seltener auf als Windpocken, ist dafür aber um so folgenschwerer. 1992 starben in Deutschland 42 Menschen an Gürtelrose, fast alle davon in einem Alter über 75 Jahren. Welche Reize diese Viren gerade bei älteren Menschen reaktivieren, weiß man nicht genau. Es existiert die Impfmöglichkeit mit einem Lebendimpfstoff. Sie empfiehlt sich jedoch nur in Einzelfällen.

Gefährdet sind vorwiegend Menschen bestimmter Altersgruppen, wie alte Menschen und Babys, außerdem Schwerkranke, wie zum Beispiel Tumorpatienten und Menschen, die unter Immunschwäche leiden.

Läßt sich das Auftreten der Gürtelrose verhindern?

Nein. Denn die Infektion mit dem Zoster-Virus kann jeden treffen, der als Kind Windpocken hatte. Allerdings steht der Ausbruch der Krankheit sehr oft in Zusammenhang mit einem geschwächten Immunsystem. Deshalb ist es besonders im Fall von Gürtel- und Gesichtsrosen wichtig, die Körperabwehr mit ausreichend Schlaf, guter Ernährung und angemessener Bewegung zu stärken.

Vor allem bei viralen Infekten läßt sich eine zeitweilige, gelegentlich sogar chronische Immunsuppression, also ein geschwächtes Immunsystem, nachweisen. Bei der Gürtelrose sind die sogenannten Suppressorzellen aktiviert; gleichzeitig treten Funktionsstörungen bei den Freßzellen auf, den Zellen, die in unserem Organismus zum Beispiel Viren vernichten sollen. Die Bestimmung des Immunstatus gehört deshalb zur Routine bei der Behandlung von Virusinfektionen, wie der Gürtelrose, bzw. zur Vorbeugung bei gefährdeten Menschen.

Außerdem vermuten Experten, daß gerade bei der Gürtelrose lang verdrängte seelische Konflikte eine besondere Rolle spielen. Da man sich mit Gürtelrose praktisch nicht anstecken kann, muß es also andere Faktoren geben, die den Ausbruch der Krankheit begünstigen. Nerven und Haut sind hier in einer unheiligen Koalition miteinander verbunden. Über die Haut bricht der Ausschlag auf, die Nerven schmerzen bei der Gürtelrose – anders als bei anderen Herpesarten – empfindlich. Menschen, die von dieser Krankheit so überfallartig heimgesucht werden, sollten sich die Frage stellen, ob irgend etwas in ihrem Leben, egal ob es positiv oder negativ war, ihnen sehr unter die Haut oder auf die Nerven gegangen ist. Die Selbsterkenntnis kann oft schon ein erster wichtiger Schritt in Richtung Heilung und Balsam für die angespannten Nerven sein.

Was Sie bei Gürtelrose tun können

Bei der Gürtel- und der Gesichtsrose gilt wie beim Herpes genitalis: **Sofort zum Arzt.** Nur er kann entscheiden, ob eine sofortige medikamentöse Behandlung notwendig ist oder ob man ruhig das Abklingen der Erkrankung abwarten soll. Zusätzlich zu Medikamenten haben sich bei der Rose jedoch auch manche alternativen Heilmittel und Besprechen bewährt.

Aciclovir ist der wohl bekannteste Wirkstoff im Kampf gegen Herpes. Er ist in den meisten Medikamenten enthalten, die bei der Behandlung von Zoster angewendet werden. Das ist die medizinisch wirksamste Form der antiviralen Therapie. Solange die entsprechenden Medikamente eingenommen werden, wird die Vermehrung der Herpesviren verhindert.

Besprechen, eine alternative Heilmethode, die auf suggestiven Verfahren beruht. Sie wirkt besonders gut bei sensiblen Patienten und Kindern. Die Methode wird auch von vielen Ärzten als unterstützende Therapie empfohlen. Seriöse Besprecher sind darauf bedacht, die Schulmedizin bei einer so schweren Erkrankung wie der Gürtelrose einbeziehen. Adressen haben viele Hautkliniken, Hautärzte,

Tips für Patienten mit Gürtelrose

Wer unter einer Gürtelrose leidet, sollte die folgenden Tips vom Ausbruch der ersten Hauterscheinung bis zum völligen Abheilen beachten:

- Achten Sie beim Duschen darauf, daß Sie die erkrankten Hautpartien aussparen. Decken Sie die betroffenen Stellen mit einer Plastikfolie ab und kleben Sie diese mit Hansaplast fest.
- Vermeiden Sie es, die erkrankten Hautpartien mit Seife zu waschen. Verzichten Sie, wenn Sie eine Gürtelrose haben, auf Ganzbäder, denn es besteht die Gefahr, daß die Gürtelrose bakteriell besiedelt wird und sich der Krankheitsverlauf verschlimmert.
- Verzichten Sie darauf, die von Gürtelrose befallenen Hautbezirke einzucremen oder einzupudern. Diese Stellen dürfen nur nach Vorschrift des Arztes behandelt werden. Erst wenn die Krankheit völlig abgeheilt ist, können wieder Pflegemittel verwendet werden. Verzichten Sie so lange auf Saunabesuche, bis keine Hautveränderungen der Gürtelrose mehr sichtbar sind und auch die Schmerzen ganz abgeklungen sind. Ihre Wäsche müssen Sie nicht getrennt waschen, weil das Virus beim Waschen sicher abgetötet wird.

manche finden sich auch in den örtlichen Tageszeitungen im Anzeigenteil unter der Rubrik »Verschiedenes«. Die Kosten für die Behandlungen sind von Besprecher zu Besprecher unterschiedlich.

Vitamin-B-Komplex. Die B-Vitamine gelten als »Nerven-Vitamine«, und weil die Nerven bei der Gürtelrose besonders betroffen sind, empfehlen viele Ärzte eine vermehrte Einnahme. Da die B-Vitamine vom Körper wieder ausgeschieden werden, muß man sie ständig neu zuführen. B-Vitamine sind unter anderem in Trockenhefe, Vollreis, Vollkorn, Haferflocken, Erdnüssen, Fisch, Fleisch, Innereien, Milch und Weizenkleie enthalten.

Warnung vor dem Wasser

Eine Rose blüht, wenn man sie ins Wasser stellt. Sie vertrocknet, wenn sie kein Wasser bekommt. Genauso verhält es sich mit der Gürtel- und der Gesichtsrose. Sie darf nie, aber auch wirklich nie mit Wasser in Berührung kommen. Der Grund: Im feuchten Milieu verbreiten sich Viren und Bakterien besonders gut, und gerade bei älteren Patienten ist das Risiko sehr groß, daß sich die Rose dann zu einer gefährlichen Flächeninfektion auswächst.

Vier Fälle von Gürtelrose

Fall 1: Ein schwerer Streit ließ die Rose blühen

»Die Gesichtsrose kam quasi über Nacht. Am Montag hatte ich einen furchtbaren Streit mit einem Mitarbeiter. Im nachhinein glaube ich, daß die Gesichtsrose wegen dieses Streites ausbrach. Der Mann benahm sich mir gegenüber vollkommen arrogant, behandelte mich wie seinen Untertan, dabei war er noch so jung. Er hätte mein Sohn sein können. Am Dienstag hatte ich große Schmerzen, die sich am Kopf Richtung Auge zogen. Die Schmerzen waren so schrecklich, als ob mir jemand ein Messer in den Kopf gerammt hätte und es dauernd dabei umdrehte. Im Gesicht gab es im oberen Bereich der Backe und am Auge leichte Schwellungen und Schmerzen. Von meinem Augenarzt, den ich zuerst konsultierte, da ich dachte, ich hätte etwas mit den Augen, bekam ich schmerzlindernde Mittel, die jedoch bald nicht mehr halfen, weil die Schmerzen einfach unerträglich wurden. Dann ging ich zu meinem Internisten, und der erkannte, daß ich eine Gesichtsrose hatte. Auch er gab mir schmerzstillende Mittel und den Tip, für den ich ihm heute noch dankbar bin, daß ich doch einmal zu jemandem gehen solle, der sich mit der Methode des Besprechens auskennt.

Ich fragte daraufhin jeden, der mir über den Weg lief,

ob einer jemanden kennt, und tatsächlich bekam ich die Adresse einer Frau. Ich ging ziemlich aufgeregt dahin und stand vor einer ganz einfach wirkenden Frau. Sie war schon etwas älter und die Frau eines Müllmanns aus Glashüttenstadt. Ich nahm in ihrem Wohnzimmer Platz, und sie sagte zu mir, ich soll nun die Augen schließen. Dann merkte ich anhand des Luftzuges, daß sie vor mir stand und mit den Händen vor meinem Gesicht herumfuhr und etwas Unverständliches murmelte. Ich mußte insgesamt dreimal dorthin und zwar zweimal an zwei aufeinanderfolgenden Tagen und das letzte Mal drei Tage später. Die Schmerzen ließen jedoch schon direkt nach dem ersten Besuch nach. Das ist jetzt sieben Jahre her. Seitdem ist die Krankheit nie wieder aufgetreten. Für mich ist das ein Wunder.«
(Frau G., 54 Jahre)

Fall 2: Nach dem Tod der Mutter brach die Rose aus
»Meine Gürtelrose trat im Bereich des Rippenbogens auf. Und zwar direkt nach dem Tod meiner Mutter, die ich bis zu ihrem Todestag zwei Jahre lang jeden Tag gepflegt hatte. Ich war von früh bis spät im Einsatz. Ich hatte meine Arbeit, meinen Haushalt und meine Mutter. Ich bin jeden Tag zu ihr gefahren, habe dann dort Stunden gesessen, ich war wie ein Roboter. Nach ihrem Tod hatte ich eines Tages Schmerzen auf dem Rippenbogen. Da waren so rote Eiterbläschen. Am nächsten Morgen tat es immer mehr weh und wurde größer. Am Ende war es so groß wie ein Ei. Ich

bin dann zu meinem Internisten gefahren und habe gehofft, ich bekomme eine Salbe. Und dann hat er mich angeguckt und gesagt: Das ist eine Gürtelrose. Dann habe ich ein Medikament bekommen.

Trotzdem bin ich noch zu einer Besprecherin gegangen. Das war ganz eigenartig. Sie hat gefragt, wieso es da sei. Dann habe ich es ihr erzählt. Sie stand dann hinter mir, und ich spürte auch so Energieströme. Dann hat sie gesagt, das ist noch im Werden und ich müßte noch einmal wiederkommen, abends. Aber sie bekäme es in den Griff. Dann habe ich auf der einen Seite die Tabletten geschluckt. Auf der anderen Seite habe ich das gemacht. Und das war ganz eigenartig, als ich von ihr kam. Dann hat sie mir gesagt, daß ich mir nicht jeden Schuh anziehen soll. Ich solle mal in den Wald gehen, die Bäume anschreien. Vielleicht wäre das ganz gut. Dann bin ich abends wieder hin. Da habe ich schon gemerkt, daß es abklingt. Dann mußte ich am nächsten Tag wieder hin. Anschließend war es weg. Seitdem bin ich sensibler mit meinem Körper, und die Stelle, an der die Gürtelrose ausgebrochen war, also direkt am Rippenbogen, die ist jetzt sozusagen meine Warnstelle im Körper.«
(Ella W., 63 Jahre)

Fall 3: Leidensweg von Arzt zu Arzt

»Meine Gürtelrose bekam ich Ende Oktober 1997. Und das hat ganz komisch angefangen. Ich hatte immer mal wieder Schmerzen in der Bandscheibengegend, das habe ich schon lange Jahre. Aber ich habe immer lange Zeit Ruhe, bis wieder etwas war, deswegen habe ich auch an Bandscheiben gedacht. Ich hatte aber zur gleichen Zeit hier ein Jucken. Das habe ich aber als normales Hautjucken für mich angenommen, habe auch nicht geguckt, habe nur gekratzt, weil ich das öfter bei synthetischen Fasern habe. Aber das geht immer von selbst wieder weg. Nach drei Tagen dachte ich, jetzt mußt du unbedingt zum Orthopäden, weil diese Schmerzen nicht aufhörten und die Haut sich so rauh anfühlte, wie eine Flechte, so knubbelig. Daraufhin gucke ich mir das im Spiegel an. Und alles war voller roter Flecke. Ich habe mir nichts dabei gedacht, dem Orthopäden, der mich nur durch das Hemd abgetastet hat, auch nichts von meiner Hautrötung erzählt. Erst beim Röntgen entdeckte die Assistentin die Hautstellen und schickte mich wieder hinein ins Sprechzimmer. Er hatte gleich den Verdacht, daß es eine Gürtelrose sein könnte, gab mir aber erst einmal Spritzen gegen Bandscheibenbeschwerden und sagte aber, daß ich mal zum Hautarzt gehen sollte. Die Hautärztin diagnostizierte dann tatsächlich eine Gürtelrose. Mittlerweile waren auch schon sehr viele Blasen zu sehen. Aber sie konnte mir nicht viel Trost geben, da sie sagte, daß es nicht viel zu verschreiben gebe. Sie hatte trotzdem Tropfen aufgeschrieben und einen flüssigen Puder, der erst in der Apotheke zurechtgemixt wurde. Den habe ich nachmittags mitgenommen, und auf der Haut war das dann gleich trocken. Dann war die Nacht von Mittwoch auf Donnerstag so entsetzlich, ich habe mich vor Schmerzen gekrümmt, ich wußte nicht, was ich machen sollte, von der Couch auf den Sessel, vom Sessel ins Bett. Ich mochte nicht stehen, nicht sitzen, gar nichts, ich habe so gejammert, man hat mich wohl nicht gehört. Wenn es hellhörig wäre, hätten mich sicherlich alle Nachbarn gehört. Das war mir egal. Wenn ich irgend etwas gehabt hätte zum Einschlafen, hätte ich das geschluckt, so furchtbar war das. Ich wußte nicht, ob ich einen Notarzt anrufen sollte, wußte aber, daß der auch nichts machen konnte. Diese Nacht war am schlimmsten, die zweite Nacht war auch noch entsetzlich. Schlafen konnte ich fast überhaupt nicht. Dann bin ich zum Besprechen gegangen. Aber bei dieser Frau hat das nichts genützt. Auch die Bachblüten, die sie mir noch mitgegeben hatte, nicht. Was mir letztlich ein wenig geholfen hat, waren dann Novalgin-Tropfen, die mir ein Internist verschrieben hat.

Das Schlimmste war dann nun eigentlich damit vorbei. Das Allerschlimmste waren ja die ersten Tage und Nächte. Sieben Wochen lang habe ich die Medikamente gebraucht, bis ich sie selber abgesetzt habe, weil ich mir gesagt habe, da muß ich von runterkommen. Aber die Schmerzen sind immer noch nicht ganz weg. Die Rötung ist weg und die Bläschen sind auch nicht mehr da.

Die sind mit einfachem Stärkemehl weggegangen. Das hatte ich mir geholt auf Anraten der Besprecherin und auf die Bläschen getupft. Das war etwas unsauber, aber ich hatte ein Hemd mit einem Gummi, das hielt sehr schön.

Das habe ich mehrmals am Tag gemacht und auch nachts. Das war sicherlich gut. Dadurch daß die Narben nicht aufgegangen sind, hat es Schorf gegeben, ziemlich dicke und dunkle Krusten, aber es ist nicht aufgegangen. Es wurde zwar immer weniger, aber es war immer da. Aber weil die Schmerzen nicht weggingen, bin ich noch einmal zu einer Besprecherin gegangen. Danach ist es zum Glück besser geworden. Und ich habe das Gefühl, daß es jetzt insgesamt besser geworden ist.«
(Ute B., 54 Jahre)

Fall 4: Die Verliebten-Rose
»Die ganze Zeit habe ich hin und her überlegt, ob die Gürtelrose wohl in irgendeinem Zusammenhang mit meinem Leben steht. Und mittlerweile habe ich da so eine Vermutung. Ein paar Tage vor dem Ausbruch war ich mit einer Freundin in der Stadt. Wir bummelten durch die Gegend, tranken Kaffee und landeten schließlich auf einem Weinfest. Dort lernte ich einen sehr netten Mann kennen, den ich auf Anhieb sehr mochte. Ich habe das richtig genossen, weil ich seit einem Jahr keinen Bekannten mehr habe. Ich bin auch wählerisch und gehe nicht mit jedem los. Wenn mir jemand nicht richtig sympathisch ist, dann mache ich das nicht. Das muß alles zusammenpassen. Meine Freundin war schon früher gegangen, und ich hatte vor, mit dem Taxi nach Hause zu fahren, bemerkte aber, daß ich kein Geld mehr dafür hatte. Und es war auch schon so spät, daß längst kein Bus mehr fuhr. Dann bin

ich zu dem mit nach Hause gefahren. Ein fremder Mann, in einer fremden Wohnung! Ich kenne so etwas eigentlich gar nicht von mir. Ich mache so etwas nicht. Zum Glück ist da auch nichts passiert. In dem Alkoholzustand klappt ja Gott sei Dank nichts. Mensch, war das leichtsinnig. Ich habe bei dem geschlafen. Ich konnte aber gar nicht schlafen, ich hatte entsetzliche Kopfschmerzen von dem Alkohol. Dann mußte ich mich in der Nacht übergeben, er hat nichts davon gemerkt. Morgens hatte ich großen Hunger. Er hat mir Toastbrot zurechtgemacht. Einen Bissen habe ich genommen, dann mußte ich wieder spucken. Ich kam nicht darüber weg, daß mir das passiert ist. Wie ich zu Hause bin, stellte ich fest, daß ich doch noch Geld für ein Taxi hatte. Das ist, glaube ich, das Ausschlaggebende für die Gürtelrose gewesen. Dieser Mann, den mochte ich eben sehr gerne, der hat mein Herz berührt. Ich mochte den, der wollte mich sogar morgens noch nach Hause bringen. Ich wollte ja nach Hause, einfach in mein Bett. Wenn es mir nicht gut geht, muß ich einfach alleine sein. Dann mag ich nichts um mich herum hören. Habe aber gedacht, Mensch, du hättest ihm doch wenigstens sagen können, daß du ihn auch magst. Der hat ja wohl gedacht, daß ich überhaupt kein Interesse an ihm habe. Der hat sich jedenfalls nicht wieder gemeldet.«

(Brigitte W., 52 Jahre)

Nicht auf die leichte Schulter nehmen: Herpes und Kinder

Herpes – eine Gefahr fürs Baby

Bei Müttern mit Herpes ist die Gefahr besonders groß, daß sie die Infektion auf ihr neugeborenes Baby übertragen. Egal, ob es sich dabei um die Herpes-simplex-Viren des Typs 1 (labialis) oder des Typs 2 (genitalis) handelt. In beiden Fällen werden die Erreger durch direkten Kontakt über Haut und Schleimhäute auf das Baby übertragen. Und das ist für das Baby fatal: Denn das Baby hat noch keine ausreichende Immunabwehr, um mit den Herpesviren angemessen fertig werden zu können. Das Virus kann sich leicht im ganzen Körper ausbreiten und auch das Gehirn infizieren. Für sehr kleine Babies kann das tödlich sein.

Bei Neugeborenen, die sich während der Geburt bei ihrer Mutter mit einem Herpes simplex anstecken, kann die Erkrankung örtlich begrenzt verlaufen, entweder als Entzündung der Mundschleimhaut beim Typ 1 oder als Entzündung im Genitalbereich beim Typ 2. Aber der Erreger kann sich auch über den gesamten Körper des Kindes ausbreiten und sogar eine Hirnhautentzündung mit möglicherweise bleibender Behinderung verursachen. Diese besondere Gefahr droht vor allem Neugeborenen und ist bei älteren Babys kaum zu befürchten.

Wenn sich Säuglinge nach dem sechsten Monat anstecken, dann bekommen sie am ehesten eine Mundschleimhautentzündung (Stomatitis). Die ist zwar unangenehm und schmerzhaft für das Kind, aber nicht lebensgefährlich. Manchmal sind aber auch die Schleimhäute der Augen betroffen, was zu einer schweren Entzündung führen kann.

Bei lokalen Herpesinfektionen an Haut und Augen müssen Eltern vor allen Dingen darauf achten, daß das Baby zu der Herpesinfektion keine weitere bakterielle Infektion bekommt. Hierbei helfen Sauberkeit, Desinfizieren der Hände, bevor man das Baby berührt, und Vermeiden des Kontaktes mit Personen oder Kindern, die erkältet oder anderweitig erkrankt sind.

Auf alle Fälle müssen die Eltern eines infizierten Kindes dafür sorgen, daß es sich nicht kratzt und auf diese

Weise selbst weiter infiziert. Sie sollten darauf achten, daß die entzündeten Hautstellen von den Kindern nicht erreicht werden können, damit sich keine Bakterien ansiedeln können.

Generell gilt: Sobald man die ersten auffälligen Bläschen bemerkt, sofort den Kinderarzt konsultieren. Er wird das Kind dann in der Regel sofort hochdosiert mit einer Infusionstherapie mit Aciclovir behandeln.

Herpes während der Schwangerschaft

Es gibt keine einheitlichen Empfehlungen für Schwangere mit Herpes genitalis. Auf jeden Fall sollte eine Schwangere, wenn sie einen rezidivierenden Herpes genitalis hat, darüber mit ihrem Gynäkologen sprechen. Bei der Erstinfektion, die normalerweise sehr schwer verläuft und bei der sehr viele Viren ausgeschieden werden, wird meist mit Kaiserschnitt entbunden, um das Kind nicht zu gefährden.

Eine Schwangere, die zwar nicht unter einer Erstinfektion leidet, aber weiß, daß sie schon einmal an einem Herpes genitalis erkrankt war und somit immer wieder mit einem Rückfall zu rechnen hat, kann ihr Kind **im Mutterleib** nicht gefährden. Für den Zeitpunkt der Geburt gibt es für solche Fälle allerdings verschiedene Ansätze, die das Baby schützen sollen.

Windpocken während der Schwangerschaft

Windpocken sind in der Schwangerschaft ein besonders großes Problem, weil es vor allem im ersten Drittel zu Mißbildungen des werdenden Kindes kommen kann. Man spricht in diesen Fällen von einem »fetalen Varizellensyndrom«. Eine Frau, die während der Schwangerschaft an Windpocken erkrankt, sollte deshalb unbedingt zum Arzt gehen. Gefährlich ist die Infektion auch kurz vor der Geburt, denn dann kann das Kind bei der Geburt infiziert werden. Es hat keine Antikörper und kann diese auch noch nicht bilden. Die Babys erkranken dann meist an einer sehr schweren Windpockeninfektion, und 30 Prozent der betroffenen Neugeborenen sterben daran.

Windpocken bei Kindern

90 Prozent aller 10jährigen Kinder haben eine Erkrankung mit Windpocken bereits überstanden. Die Infektion findet meist im Kindergarten oder in der Schule statt, wo die Übertragung dieses Herpesvirus durch Tröpfcheninfektion und Hautkontakte geschieht. Der Name »Windpocken« für diese Krankheit wurde deshalb gewählt, weil sich der Erreger sehr leicht, scheinbar mit einem Windhauch überträgt. Gibt es in einer Familie mehrere Kinder, so ist es fast unmöglich, eine Ansteckung der Geschwister untereinander zu vermeiden.

Etwa 14 Tage, nachdem ein Kind mit dem Erreger infiziert wurde, erscheint auf dem gesamten Körper ein Hautausschlag, der bis zu fünf Tage bestehen bleibt und dann meist sehr schnell abheilt. Es kommt ungefähr innerhalb von 24 Stunden zur Bläschenbildung mit verschiedenen Bläschenstadien im gleichen Hautgebiet. Leichtes Fieber ist bei dieser Erkrankung normal. Wie auch bei den anderen Herpesarten enthalten die Bläschen zunächst eine klare Flüssigkeit, die sich bald trübt. Schließlich trocknen sie unter Krusten und Schorfbildung ab. Während bei den anderen Herpesarten kaum Narben zurückbleiben, ist das bei Windpocken anders: Zunächst bleiben kleine Narben sichtbar, die jedoch in der Regel innerhalb von wenigen Monaten meist ganz, ohne Spuren zu hinterlassen, verschwinden. Wichtig ist dabei, daß die Bläschen nicht aufgekratzt werden, sonst entstehen lebenslange Narben. Ein Arztbesuch wird immer empfohlen, weil es bei Windpocken zu Komplikationen kommen kann. In einigen Fällen tritt zusätzlich eine Mittelohrentzündung auf, und in ganz seltenen Fällen kommt es auch zu einer Hirnhautentzündung.

Teil III

Machen Sie Ihr Immunsystem fit

Gleich vorweg! Immuntraining ist ein ganzheitliches Programm für Körper und Seele. Wenn die Seele sich nicht wohl fühlt, streikt der Körper – und umgekehrt.

Eine der besten Verordnungen: »Einmal täglich herzhaft lachen.« Das klingt leichter, als es für manche ist. Eine positive Lebenseinstellung müssen sich viele erst erarbeiten. Aber eins ist klar: Psychostreß ist der größte Feind des Immunsystems. Bei Streß produziert unser Körper Stoffe, die die unangenehme Eigenschaft haben, die Aktivität der Helferzellen unseres Abwehrsystems zu drosseln.

Zweitens gehört dazu Sport. Besonders Ausdauersportarten wie Schwimmen, Joggen, Radfahren sind zu empfehlen. Außerdem sollte man ganz gezielt seine Thymusdrüse, das Hauptquartier der weißen Blutkörperchen, unterstützen. Bei Menschen über 45 schrumpft diese Drüse auf ein Drittel ihrer ursprünglichen Größe, und entsprechend geringer wird ihre Leistungskraft. Eine gesunde Ernährung kann diese Defizite ausgleichen.

Ein angegriffenes Immunsystem schlägt auf verschiedene Weise Alarm:

- dauernde Müdigkeit, Schlafstörungen, geringe körperliche Belastbarkeit
- Anfälligkeit für Krankheiten, Schnupfen, Grippe, Allergien
- Depressionen, schlechte Laune, Lustlosigkeit

Auf ausreichend Schlaf achten

Schlaf ist nötig, um alle Streßuhren wieder auf Null zu schalten und dem Immunsystem die Möglichkeit zu geben, die angebotenen Nährstoffe für seine Zwecke zu verbrauchen. Bettruhe ist oft die beste Medizin gegen Infektionen. In der Tiefschlafphase werden die Hormone, die für die Wiederbelebung des zellulären Immunsystems zuständig sind, mit Energie versorgt. Alle anderen Körperorgane laufen auf Sparflamme, oberste Priorität hat jetzt die Stabilisierung der körpereigenen Abwehrkräfte. Wie sehr Schlafentzug die Immunabwehr schwächt, ergab ein Test mit Studenten, die 48 Stunden lang wach bleiben mußten. Bei ihnen kehrte die Angriffslust der Immunzellen erst nach fünf Tagen wieder auf den normalen Ausgangswert zurück. Wer schlecht schläft, muß also mit einem negativen Einfluß auf seine Immunfunktionen rechnen.

10 Gebote fürs Immunsystem*)

Genauso, wie man seine Muskelkräfte steigern kann, so läßt sich auch das Immunsystem trainieren – am besten jeden Tag. Mit diesen zehn Geboten ist es ganz einfach. Wer sie täglich berücksichtigt, stärkt sein Abwehrsystem und wird dafür mit Wohlbefinden und Leistungskraft belohnt.

1. Gebot:
Herzhaft lachen und sich etwas Schönes gönnen. Suchen Sie sich etwas, das Sie richtig glücklich macht. Schenken Sie sich eine Blume, lesen Sie ein Gedicht.

2. Gebot:
Den Kreislauf einmal richtig in Schwung bringen – durch Wechselduschen und Gymnastik, Radfahren, Schwimmen oder einen Powerwalk durch den Park.

3. Gebot:
Bauen Sie Streß ab, indem Sie einmal richtig außer Puste kommen. Verarbeiten Sie Frust und Ärger, indem Sie beispielsweise mit Schwung eine Treppe hochstürmen. Machen Sie immer einen Bogen um Fahrstühle und Rolltreppen.

* nach Dr. Hermann Geesing

4. Gebot:
Nehmen Sie »lebendige« Nahrung zu sich: Essen Sie wenigstens einmal am Tag frisches Obst, rohes Gemüse oder frischen Salat.

5. Gebot:
Essen Sie in Ruhe und kauen Sie gründlich. Gönnen Sie sich mindestens einmal am Tag eine halbe Stunde Zeit zum Essen. Legen Sie während der Mahlzeit immer wieder das Besteck zur Seite und machen Sie eine Pause, um in Ruhe zu kauen.

6. Gebot:
Schalten Sie ab und werden Sie innerlich ganz ruhig. Wenigstens einmal am Tag sollte es Ihnen gelingen, sich während der Arbeit entspannt zurückzulehnen, sich ausgiebig zu strecken und mit geschlossenen Augen an etwas Schönes zu denken.

7. Gebot:
Schalten Sie Gesundheitsrisiken aus. Schaffen Sie es, einen Tag ohne Alkohol und Zigaretten auszukommen. Reduzieren Sie Aufputscher wie starken Kaffee und Tee mal um die Hälfte.

8. Gebot:
Hüten Sie sich vor Reizüberflutung. Schauen Sie im Fernsehen nur an, was Sie wirklich interessiert. Verzichten Sie auf dauernde Musikberieselung, und vermeiden Sie zu starke Lichtreize.

9. Gebot:
Beugen Sie gezielt einer Erkältung vor, indem Sie sich – der Jahreszeit gemäß – nicht zu warm und nicht zu kalt kleiden. Trinken Sie mindestens ein Glas Zitronen- oder Orangensaft pro Tag.

10. Gebot:
Schlafen Sie gut. Gönnen Sie sich mindestens sieben Stunden Schlaf und achten Sie immer darauf, daß Sie Ihre Ängste und Sorgen vor dem Einschlafen verscheuchen.

Auf die richtige Ernährung kommt es an

Der Mensch ist, was er ißt. Ein altes Sprichwort, das aber, gerade in bezug auf Herpes und die Stärkung des Immunsystems nur zu wahr ist. Schon in der Antike befaßten sich die Mediziner mit der Lehre von der richtigen Ernährung. Lange Zeit spielten die Ernährungswissenschaften dann eher eine untergeordnete Rolle. Bis sie dann – im 19. Jahrhundert – mit der Naturheilkunde wieder mehr ins Bewußtsein der Menschen rückte.

Essen kann vor Krankheiten schützen

Mit einer guten, ausgewogenen Ernährung kann man viel für seine Gesundheit tun. Denn aus dem, was wir essen, produziert der Körper unter anderem Antikörper und weiße Blutkörperchen – die gerade im Kampf gegen Herpes eine wichtige Rolle spielen. Das Essen kann auf den Körper demnach nicht nur stabilisierend wirken, es kann den Körper auch schützen. So sind zum Beispiel in verschiedenen Nahrungsbestandteilen sogenannte sekundäre Pflanzenstoffe enthalten, die zunächst einmal dazu da sind, die Pflanze vor schädlichen Einflüssen zu schützen. Mittlerweile hat sich jedoch gezeigt, daß diese Stoffe auch auf das menschliche Immunsystem wirken und vielfältige Schutzwirkungen im Körper entfalten. Zu den sekundären Pflanzenstoffen zählen unter anderem Farbpigmente wie Carotinoide oder Flavonoide. Beide kommen in grünem und gelbrotem Obst und Gemüse vor. Auch in Kräutern, Gewürzen und Tee – besonders in grünem Tee – finden sich Flavonoide.

Was macht die sekundären Pflanzenstoffe so wertvoll für unsere Ernährung? Sie aktivieren die Enzyme, die den Körper entgiften, hemmen Entzündungen und können sogenannte freie Radikale, das sind aggressive Stoffwechselprodukte, unschädlich machen. Dadurch sind sie in der Lage, das Immunsystem auf natürliche Weise zu stärken, und machen es damit auch fit für den Kampf gegen Herpes.

Die ideale Ernährung

Alles, was der Mensch ißt und trinkt, setzt sich aus den unterschiedlichsten Nährstoffen zusammen, die in einem ausgewogenen Verhältnis zueinander stehen müssen. Dann kann man von einer guten, gesunden Ernährung sprechen. Die verschiedenen Nährstoffe, die ein Mensch zu sich nimmt, sind im Körper für die Bewältigung der unterschiedlichsten Aufgaben zuständig. So sind Kohlenhydrate und Fette wichtige Energielieferanten für den Körper. Eiweiß benötigt der Körper als Baustoff für die Herstellung lebensnotwendiger Aminosäuren. Vitamine und Mineralien schützen den Organismus und haben wichtige Aufgaben bei der Steuerung des Stoffwechsels. Wasser benötigt der Körper als Transport- und Kühlmittel und Ballaststoffe für eine geregelte Verdauung.

Die Nährstoffe, die der Mensch braucht, um gesund und fit zu bleiben, das Immunsystem in Schwung und damit auch so heimtückische Feinde wie das Herpesvirus in Schach halten zu können, sind in den unterschiedlichsten Lebensmitteln enthalten. Kalorienarm und nährstoffreich lautet die Zauberformel für eine gesunde Ernährung. Unabhängig von der Tatsache, daß die Menschen immer weniger Kalorien zu sich nehmen, ist der Bedarf des Körpers an Vitaminen, Mineral- und Ballaststoffen gleich geblieben. Auf die richtige Kombination verschiedener pflanzlicher und tierischer Lebensmittel kommt es also an. Denn nur sie garantiert eine optimale Versorgung des Körpers mit allen Nährstoffen. Dadurch wird die sogenannte Nährstoffdichte zum entscheidenden Faktor einer gesunden Ernährung.

Bei der Berechnung der Nährstoffdichte wird der Nährstoffgehalt zum Energiegehalt eines Lebensmittels in Beziehung gesetzt. Die Formel hierfür lautet:

$$\text{Nährstoffdichte (mg/kcal)} = \frac{\text{Nährstoffgehalt (mg/100 g)}}{\text{Brennwert (kcal/100 g)}}$$

Anhand der Nährstoffdichte läßt sich beispielsweise erkennen, welche Lebensmittel besonders geeignet sind, die niedrige Nährstoffdichte eines anderen auszugleichen. Milch ist ein Getränk mit sehr hoher Nährstoffdichte, da es reich an Eiweiß, Fetten und Calcium ist.

Die wichtigsten Nährstoffe im Überblick

Nährstoff	**Aufgabe im Organismus**	**unter anderem in folgenden Lebensmitteln enthalten**
Kohlehydrate	liefern Energie	Getreide, Getreideprodukte, Kartoffeln, Nudeln, Reis
Fette	liefern Energie und sichern die Versorgung mit fettlöslichen Vitaminen, (A, D, E und K), und einfach und mehrfach ungesättigten Fettsäuren	Butter, Margarine, Sahne, bestimmte Wurst- und Käsesorten und pflanzliche Öle
Eiweiß	liefern die wichtigen Aminosäuren	Fleisch, Milchprodukte, Eier, Hülsenfrüchte, Fisch
Vitamine und Mineralstoffe	Stoffwechselsteuerung	Obst, Gemüse, Vollkornprodukte, Milchprodukte, Fleisch, Fisch

Ballaststoffe	fördern die Verdauung, regulieren den Stoffwechsel, senken den Cholesterinspiegel	Obst, Gemüse, Vollkornprodukte, Hülsenfrüchte
Wasser	Transport- und Kühlfunktion	Getränke, Suppen, Obst

Der Lebensmittelkreis

Für eine vollwertige und somit auch nährstoffreiche Basisernährung bietet der Lebensmittelkreis eine gute Orientierungshilfe. Er besteht aus sieben Segmenten, die jeweils unterschiedliche Gruppen von Lebensmitteln enthalten. Die tägliche Kombination der aufgeführten Lebensmittel, in der richtigen Relation zu sich genommen, garantiert eine ausgewogene und gesunde Ernährung.

Getreideprodukte und Kartoffeln sollten den größten Bestandteil der täglichen Mahlzeiten ausmachen, gefolgt von Gemüse, Hülsenfrüchten und Obst (55 Prozent der täglichen Nahrung sollte aus diesen drei Segmenten stammen). Für die Segmente Obst und Gemüse gilt: Sie versorgen den Körper nicht nur mit Vitaminen und Mineralstoffen, sondern auch mit den wichtigen sekundären Pflanzenstoffen und Antioxidantien. Die ausreichende Versorgung mit Eiweiß ist gewährleistet, wenn man täglich Milch und Milchprodukte zu sich nimmt und an zwei bis vier Tagen in der Woche Fleisch oder Seefisch verzehrt. Zweimal in der Woche sollte auch ein Ei auf dem Speiseplan stehen. Die Flüssigkeitszufuhr sollte mindestens 1,5 bis 2 Liter pro Tag betragen. Und für das kleinste Segment Fette und Öle gilt: Weniger ist mehr. Und Qualität geht vor Quantität, also hochwertige Öle und Fette verwenden.

- Getreideprodukte und Kartoffeln versorgen den Körper mit Kohlehydraten, Vitaminen, Eiweiß und Mineralstoffen (Kalium, Magnesium). Die Ballaststoffe sind die Putzmeister im Körper und transportieren die schädlichen Stoffe heraus.
- Gemüse und Hülsenfrüchte sind Hauptlieferanten von Vitaminen (B-Vitaminen, Vitamin C, Beta-Carotin), Mineralstoffen (Kalium, Magnesium, Eisen), Eiweiß, Ballaststoffen, Kohlehydraten.
- Obst liefert Vitamine (besonders Vitamin C, Beta-Carotin), Mineralstoffe (Kalium, Eisen) und Wasser.
- Getränke versorgen den Körper mit Wasser, Mineralstoffen, Vitaminen und Beta-Carotinen.
- Milchprodukte liefern Eiweiß, Calcium, Fette und Vitamine.

- Fisch, Fleisch und Eier sind wichtig für die Nährstoffversorgung mit Eiweiß, Jod, Vitaminen, Eisen, Zink und Selen.
- Fette und Öle sind vor allem für die fettlöslichen Vitamine wichtig.

Wer zuviel, zu fett und zu süß ißt, belastet seinen Organismus, weil dies zwangsläufig zu Übergewicht führt. Aus diesem Grund sollten nicht mehr als fünf Prozent der täglichen Nahrung aus Fetten und Süßigkeiten bestehen.
Generell gilt:

- Wenig Süßigkeiten und zuckerhaltige Getränke zu sich nehmen. Sie schwächen den Organismus: Zwei Stunden nach der Einnahme von 100 Gramm Zucker sinkt die Leistungsfähigkeit der weißen Blutkörperchen in unserem Organismus. (Acht Bonbons mit einem Gewicht von je 50 Gramm haben zusammengerechnet schon 50 Gramm Zucker, oder eine Dose Limonade enthält 40 Gramm Zucker. Wer also gleichzeitig acht Bonbons und eine Dose Limonade verzehrt, ist schon bei rund 100 Gramm Zucker.)
- Möglichst frische Lebensmittel verwenden. Ist dies nicht möglich, sind Tiefkühlprodukte den Lebensmitteln in Dosen vorzuziehen.
- Obst und Gemüse der jeweiligen Jahreszeit verwenden. Lange Lager- und Transportzeiten können hohe

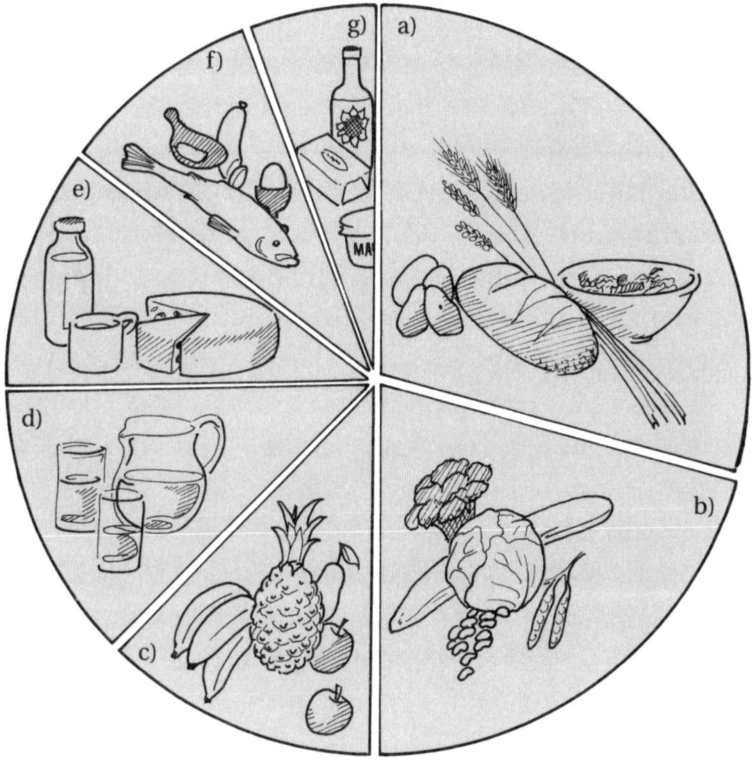

a) Brot, Nudeln, Kartoffeln, Reis, Getreideprodukte
b) Gemüse und Hülsenfrüchte
c) Obst
d) Getränke (Wasser, kalorienfreie Getränke)
e) Milch und Milchprodukte
f) Fisch, Fleisch, Wurst und Eier
g) Fette (Butter, Pflanzenöle, Pflanzenmargarine)

Vitaminverluste bedeuten. So verliert Kopfsalat schon nach zwei Tagen Lagerung bei Zimmertemperatur rund 50 Prozent seiner Vitamine.

- Frische oder tiefgefrorene Kräuter sind ideal zur Versorgung des Körpers mit Vitaminen und Mineralstoffen.
- Auf in Fleisch-, Wurst- und Molkereiprodukten versteckte Fette achten. Die im Blut zirkulierenden freien Fettsäuren, Triglyzeride, Gallensäuren oder Cholesterin hindern weiße Blutkörperchen daran, sich zu vermehren und Antikörper gegen Krankheitserreger zu produzieren; außerdem versperren sie den Abwehrzellen den Weg zu Entzündungs- und Infektionsherden.
- Viel Vitamin A bzw. Carotinoide essen. Sie sind die Schutzvitamine für alle Schleimhäute und beugen schleimhautbezogenen Allergien ebenso vor wie Krebs, der in Schleimhäuten entsteht (zum Beispiel Magen-Darm-Krebs, Blasenkrebs, Gebärmutterkrebs). Enthalten sind Carotinoide (bzw. das fertige Vitamin A) vor allem in Leber sowie in gelbem und dunkelgrünem Gemüse.
- Mindestens zweimal am Tag frisches Obst (sehr gut: Hagebutten, Erdbeeren, Johannisbeeren) essen. Sie liefern das nötige Vitamin C, mit dem sich die weißen Blutkörperchen für den Kampf gegen Bakterien, Viren und andere Mikroorganismen wappnen. Außerdem erhöhen sie die Anzahl dieser Immunpolizisten bis zum Zwölffachen. Das Fruchtfleisch sollte man (auch bei Zitronen oder sauren Orangen) immer mitessen. Darin enthaltene Stoffe (Bioflavonoide) schützen das Vitamin C vor vorzeitigem Zerfall.

- Auf eine ausreichende Zinkversorgung achten. Täglich ein Vollkornmüsli deckt den Bedarf. Zink ist vor allem für Kinder und ältere Menschen wichtig. Es kräftigt die Thymusdrüse und steigert die Anzahl der Abwehrzellen beträchtlich.

Antioxidantien schützen vor Streß

Seelische oder körperliche Anspannungen sind immer eine Belastung für das Immunsystem. Und so steht Herpes, wie auch viele andere Erkrankungen, in einem engen Zusammenhang mit inneren und äußeren Streßfaktoren. Immer wieder wird deshalb die Frage diskutiert, ob es möglich ist, mit der Ernährung bestimmten Krankheiten vorzubeugen. Für Herpesbetroffene bedeutet das, gerade im Zusammenhang mit Rezidiven, unter anderem auch den Speiseplan der vergangenen Zeit unter die Lupe zu nehmen und zu untersuchen, ob ihr Körper wirklich ausreichend versorgt war.

Wenn es um den Gesundheitsschutz geht, spielen wieder die Vitamine eine große Rolle. Denn viele von ihnen haben antioxidative Eigenschaften. Sie werden, zum Beispiel beim Leistungssport, nicht etwa verabreicht, um den

Körper zu noch weiteren Sprüngen, zu noch schnelleren Läufen anzuspornen, sondern sie sollen den Organismus vor den Folgen dieser intensiven körperlichen Belastung schützen. Hochleistungssport ist Körperstreß – und nicht von ungefähr reagieren viele Leistungssportler auf Wettkampfstreß mit dem Ausbruch eines Herpes.

Antioxidantien können hier vorbeugen. Sie gehen im Körper auf die Jagd nach den sogenannten freien Radikalen. Das ist eine bestimmte, sehr aggressive Form des Sauerstoffs. Denn diesen Sauerstoffteilchen fehlt ein bestimmter Baustein (ein Elektron), und den versuchen sie von anderen Molekülen wiederzubekommen. Dabei kann es zu wahren Kettenreaktionen kommen, in deren Verlauf Körperzellen geschädigt, mitunter sogar ganz zerstört werden. Dieser Vorgang heißt »Oxidation« und bezeichnet die Veränderung von Molekülen unter Sauerstoffeinfluß. In der Küche kann man sehr gut sehen, wie nach einer gewissen Zeit an der freien Luft Obst braun und Fett ranzig wird. Die schädlichen freien Radikale entstehen unter anderem durch Umweltbelastungen, wie zum Beispiel Hitze, Sonnenbestrahlung oder Rauchen.

Gesundheitsschutz bei erhöhter Belastung setzt also ein ausreichendes Maß antioxidativer Nährstoffe im Körper voraus – was durch eine vollwertige Basisernährung gewährleistet werden kann. Vor allem Vitamin E und Beta-Carotin, aber auch Vitamin C und Selen werden antioxidative Wirkungen zugeschrieben.

- Das Beta-Carotin ist die Vorstufe zum bekannten Vitamin A (grünes, oranges, gelbes Gemüse oder Obst). Es wehrt die freien Radikale schon vor der Zellwand ab. Deshalb kommt ihm beim Schutz der Haut vor schädlichen Sonnenstrahlen und bei anderen entzündlichen Prozessen eine große Bedeutung zu. Untersuchungen haben ergeben, daß Personen, die sich vor ihrem Sommerurlaub mit einer höheren Dosis Beta-Carotin versorgten, weniger schnell einen Sonnenbrand bekamen. Gerade wer unter dem Ausbruch von Sonnenherpes leidet, sollte auf eine genügende Zufuhr von Beta-Carotin achten.
- Vitamin E (unter anderem enthalten in Keimölen, Margarine, Nüssen, grünem Gemüse) sorgt für einen Schutz der Zellwand und somit dafür, daß die schädlichen Eindringlinge schon an vorderster Front zurückgeschlagen werden.
- Vitamin C (Obst, Gemüse jeglicher Art) schwimmt in der Zelle und geht dort auf die Jagd nach den freien Radikalen, die nicht an der Zellwand abgewehrt werden konnten.
- Selen (Fisch, Meeresfrüchte, Hefe) ist Bestandteil von Enzymen, die in Erythrozyten und Organen vorkommen und zusammen mit Vitamin E und schwefelhaltigen Aminosäuren der Bildung von zellschädigenden Produkten des oxidativen Stoffwechsels entgegenwirken.

Vier Power-Rezepte*

1. Der Power-Drink für das müde Immunsystem
(sehr vitaminreich, besonders viel Vitamin C)

Zutaten:
200 ml Karottensaft,
200 ml Rote-Bete-Saft,
200 ml Apfelsaft,
1 Eßlöffel Haferflocken,
1 Eßlöffel Zitronensaft,
2 Scheiben Orangen

Zubereitung:
Alle Zutaten in den Mixer geben und kurz aufshaken. Gläser mit Orangenscheiben dekorieren, sofort servieren.

2. Salat: Grüne Vitaminoase
(für vier Personen)

Zutaten:
4 Scheiben Vollkorntoast
1 Bund Radieschen
4 Möhren

* von der Hamburger Ernährungswissenschaftlerin Cornelia Ahrens

1 Avocado
1 Eßlöffel Zitronensaft
1 Lollo Rosso
100 g Raukesalat
100 g Sojasprossen

Joghurt-Dressing:
2 Knoblauchzehen
125 g Joghurt
4 Eßlöffel gemischte Kräuter
2 Eßlöffel Frühlingszwiebeln
Salz, Pfeffer, Zucker

Zubereitung:
Vollkorntoast in Würfel schneiden und in einer Pfanne mit wenig Öl von allen Seiten kroß rösten. Radieschen in Scheiben schneiden, Möhren raspeln. Die Avocado schälen, halbieren, entkernen und in Würfel schneiden; mit Zitronensaft beträufeln. Lollo Rosso und Raukesalat zupfen. Salat, Sprossen, Avocadowürfel, Radieschen und Möhren vorsichtig mischen. Dressingzutaten mischen und unter den Salat heben. Den Salat mit Croûtons garnieren und servieren.

3. Müsli
(für zwei Personen, mit vielen Ballaststoffen)

Zutaten:
1 Apfel
1 Möhre
$^1/_8$ l Apfelsaft
7 Eßlöffel Haferflocken
1 Eßlöffel Weizenkleieflocken
125 g Biojoghurt mit lebenden Kulturen
3 Eßlöffel Sesam
10 Walnüsse
1 Eßlöffel Zitronensaft
2 Teelöffel Ahornsirup

Zubereitung:
Den geviertelten und geraspelten Apfel und die geraspelte Möhre mit Apfelsaft vermischen. Haferflocken und Weizenkleieflocken hineinrühren. Joghurt, Sesam, Walnußkerne und Zitronensaft unterheben. Zum Schluß den Ahornsirup über das Müsli träufeln.

4. Warmes Gericht: Hirse-Mangoldrouladen
(für zwei Personen)

Zutaten:
100 g Hirse
Gemüsebrühe
200 g Champignons
2 Zwiebeln
30 g Mandeln
10 g Butter
30 g getrocknete Aprikosen
Kardamom, Pfeffer, Koriander
8 große Mangoldblätter (500 g)
3-4 Eßlöffel Tomatenmark
200 g Schmand
4 Eßlöffel Kräuter der Saison

Zubereitung:
Hirse in der Gemüsebrühe kochen und abgießen. In der Zwischenzeit Pilze putzen und würfeln. Zwiebeln pellen und würfeln, Mandeln hacken. Zwiebeln in der Brühe dünsten. Pilze, Mandeln und Aprikosen dazugeben, kurz unterrühren und garen. Gut abgetropfte Hirse, Pilz-Nuß-Aprikosenmasse und die Gewürze verrühren. Die Mangoldblätter waschen, Rippen entfernen, Blätter blanchieren. Die Blätter auf

Küchenpapier legen, die Füllung daraufgeben und das Blatt einrollen. Die Gemüsebrühe mit Tomatenmark verrühren. Die Rouladen darin 20 Minuten garen. Schmand unterrühren, nochmals abschmecken. Mit gemischten, gehackten Kräutern servieren.

Der Umgang mit Streß ist das A und O

Harmonie heißt das Zauberwort, das in die großen Geheimnisse des Körpers einweiht. Denn auch im Inneren des Menschen dreht sich alles um Harmonie, um ein Gleichgewicht zwischen Spannung und Entspannung, zwischen Streß und Ruhe, zwischen Anregung und Beruhigung. Dieses – für Seele und Körper – so wichtige Gleichgewicht entscheidet über die Tiefe des Schlafes, über die Fähigkeit, Ärger und Streß zu verarbeiten, über das schnelle oder ruhige Klopfen des Herzens und unter Umständen auch über den Ausbruch des nächsten Herpesschubes.

Die Balance zwischen Ruhe und Aktivität finden

Im Inneren sorgt das vegetative Nervensystem dafür, daß alle natürlichen körperlichen Vorgänge, zum Beispiel die Atmung, der Herzschlag, der Blutdruck, die Verdauung und der Schlaf, fein gesteuert werden. Es hat die Aufgabe, alle inneren und äußeren Impulse so genau aufeinander abzustimmen, daß der Körper optimal leistungsfähig ist. Hochempfindliche »Meßfühler« registrieren selbst kleinste Abweichungen, die über Hormone und Nervensignale an die »Schaltzentralen« im Gehirn weitergemeldet und gegebenenfalls korrigiert werden. So versucht der Körper, 24 Stunden am Tag den idealen Gleichgewichtszustand einzustellen. Das ist schwer zu erreichen und noch schwerer zu halten. Denn oft genug neigt sich die empfindsame Waage gefährlich zur einen Seite. Durch Streß, Ärger, übermäßige Belastungen, Umwelteinflüsse, wie Lärm, verschmutzte Luft und ungesunde Ernährung, wird der Körper aus dem Gleichgewicht gebracht. Ein Umstand, den die wenigsten sofort bemerken. Kopfschmerzen, Herzstolpern, Schlaflosigkeit, aber auch der Ausbruch eines Herpes sind oft die ersten Warnsignale, die nur zu gern übersehen werden. Statt sich auszuruhen, die Seele baumeln zu lassen, früh ins Bett zu gehen oder mal einen ausgedehnten Spaziergang in der Natur zu machen, greifen viele lieber zu Tabletten, Kaffee oder Tee – alles Mittel, die den müden Körper künstlich ankurbeln sollen.

Ein Fehler, denn die Natur ist mächtiger. Sie sorgt dafür, daß sie zu ihrem Recht kommt. Wird sie zu lange übersehen oder niedergekämpft, sind Krankheiten, auch ein Herpes, oft die einzige Möglichkeit, um dem Körper die Ruhe und Entspannung zu geben, die er so nötig braucht.

Streß kann krank machen

Seit langem sind sich Wissenschaftler einig darin, daß bestimmte Formen von seelischer und körperlicher Belastung den Ausbruch eines Herpes begünstigen können. Und zwar unabhängig davon, ob die Form der Belastung von dem jeweiligen Menschen mit einem positiven oder negativen Ereignis in Zusammenhang gebracht wird. Für den Organismus bedeutet jede Form von Belastung erst einmal Streß; denn der Körper wird aus seinem Gleichgewicht gebracht und auf die besondere Art der Anspannung vorbereitet. Streß gehört demnach zum Leben, aber ein Zuviel davon kann krank machen. Ursprünglich hatte er die Funktion, den Körper kurzfristig auf bestimmte Belastungen vorzubereiten, doch heute stehen viele Menschen dauerhaft unter Spannung – und das ist langfristig ungesund.

Der Körper in Alarmbereitschaft

Der Streßmechanismus ist so alt wie die Menschheit selbst. Als der Mensch noch Jäger und Sammler war, in Wäldern und Feldern sein Leben bestreiten mußte, stand er tagtäglich vor der Entscheidung: kämpfen oder flüchten, weglaufen oder standhalten? Auf beide Alternativen bereitet sich der Körper mit gleicher Gründlichkeit vor: Unbewußt scheidet die Nebenniere die Streßhormone Adrenalin und Noradrenalin aus. Die Muskeln spannen sich an, der Pulsschlag erhöht sich, der Blutdruck steigt, die Verdauung setzt aus, der Atem geht rascher. Mit anderen Worten: Der Körper wird aus seinem Gleichgewicht gebracht und befindet sich in einem Zustand der Alarmbereitschaft.

Heute wird dieser ursprüngliche Kampf-oder-Flucht-Mechanismus von alltäglichen Situationen ausgelöst. Das kann eine neue Liebe sein oder die Geburt eines Kindes oder der Ärger mit dem Chef. Das Problem: Im Gegensatz zu dem Urmenschen, der eine der beiden Möglichkeiten (kämpfen oder davonlaufen) wahrnahm und so den Körper durch die Aktivität wieder ins Gleichgewicht bringen konnte, fehlt heute in der Regel diese direkte Möglichkeit des Streßabbaus. Die Folge: Die aktivierten Hormone zirkulieren weiter im Blut, kurbeln den Körper und seine Funktionen unnötig an.

Wenn der Körper auf Alarm schaltet, wird die Reaktionsbereitschaft erhöht, so daß alle Funktionen auf hohem Erregungsniveau ablaufen. Die ständige Anspannung führt letztlich, wenn ihr nicht eine Entspannung folgt, zu einer chronischen Überforderung des Organismus, die sich auf vielfältige Weise zeigt.

Die wichtigsten körperlichen Streßzeichen sind:

- angespannte Schläfen
- Kopfschmerzen
- in Falten gelegte Stirn
- chronische Müdigkeit
- aufeinandergepreßte Zähne
- verkniffene Lippen
- angespannte Brust-, Bauch- und Nackenmuskulatur
- hochgezogene Schultern
- Anfälligkeit für Infektionen
- Magenschmerzen bis hin zum Geschwür
- schnelle Atmung
- starre Mimik

Ablauf eines Streßereignisses

Orientierung:
Mit dem Ohr wird der akustische Reiz aufgenommen. Der Mensch dreht seinen Kopf in Richtung des Geräusches (ein Feind, zum Beispiel ein gefährliches Tier, nähert sich).

Aktivierung:
Das Gehirn entscheidet sekundenschnell: Alarm. Der Körper bereitet sich vor, und alle Sinne werden auf die Bewältigung der gefährlichen Situation eingestellt. Das vegetative Nervensystem arbeitet auf vollen Touren.

Anpassung:
Der Körper bleibt in Alarmbereitschaft – solange die Bedrohungssituation anhält. Während dieses Zustandes ist der Körper zu höchsten Leistungen fähig.

Abreagieren:
Kampf oder Flucht löst die Streßsituation auf. Während der dabei erforderlichen körperlichen Betätigung werden die Streßhormone abgebaut.

Erholung:
Ist die Gefahr vorüber (das gefährliche Tier ist erlegt oder in die Flucht geschlagen, oder man selbst ist geflüchtet), sind die bereitgestellten chemischen Stoffe durch die vorher gezeigte Aktivität abgebaut worden, und der Körper kann auf Erholung umschalten.

Überforderung:
Ist dies nicht gelungen oder ist der Mensch innerhalb kürzester Zeit erneut einer Gefahrensituation ausgesetzt, schaltet der Körper auf Daueralarm. Der Körper kann sich nicht erholen.

Erschöpfung:
Dauert der Zustand lange an, wird das Immunsystem derart geschwächt, daß es in Zukunft ähnlichen Situationen nicht mehr gewachsen ist.

Wenn die Seele Alarm schlägt

Die körperlichen Symptome kann jeder ganz einfach an sich selbst bemerken. Dagegen ist es schwieriger zu erkennen, wenn die Seelen-Ampel auf Streß gestellt wird.

Wenn der Streß zum Dauerthema wird, wenn die Seele streikt, bedeutet das Alarmstufe Rot. Denn Gefühle und Gedanken überwachen alle Körperfunktionen. Geldsorgen, Liebeskummer, beruflicher Streß können die Abwehrkräfte so herabsetzen, daß man krank wird, eine Grippe, Schnupfen oder Herpes bekommt.

»Ich bin öfters schlecht gelaunt. Ich kann schlecht einschlafen. Ich habe keine Gefühle mehr. Morgens fühle ich mich schlecht.« – Wer immer von sich behaupten kann, diese Aussagen träfen auf ihn zu, hat schlechte Karten im Hinblick auf sein Immunsystem. Das behaupten Psychoneuroimmunologen, die sich mit den Zusammenhängen zwischen psychologischen Phänomenen (wie Streß, Unzufriedenheit oder depressiver Stimmung), der Aktivität von Immunzellen im Blut und dem Verlauf unterschiedlichster Krankheiten beschäftigen.

In einer Psycho-Immunologiestudie wies Margaret E. Kemeny den Zusammenhang zwischen depressiven Stimmungen und dem Auftauchen von Herpes genitalis nach. Auch zwischen Alkoholmißbrauch und dem Wiederauftauchen von Herpes genitalis scheint es einen Zusammenhang zu geben.

Leistungsstreß und Herpes

Prüfungsangst und Leistungsdruck machen anfällig für Herpesviren. Das fand Stanislav Kasl von der Yale University in New Haven, Connecticut, heraus. Er untersuchte Kadetten der Militärakademie West Point. Von 1327 Kadetten hatten zwei Drittel Antikörper gegen das Epstein-Barr-Virus (es kann unter bestimmten Bedingungen das Pfeiffersche Drüsenfieber auslösen) im Blut. Nur ein Drittel hatte noch keine Antikörper, war also noch nie mit dem Virus in Berührung gekommen. In dieser Gruppe traten jedoch innerhalb des ersten Jahres in West Point bei 20 Prozent Antikörper auf. Aber nur jeder vierte erkrankte auch an dem Drüsenfieber. Kasl stellte fest: Die Befragten, die stark unter einem Erwartungsdruck litten und den Anforderungen nicht gerecht wurden und deren Väter außerdem enorm leistungsorientiert waren, erkrankten häufiger als diejenigen, die die Ausbildung als wenig belastend empfanden und gut zurechtkamen.

Steht die Seele unter Dauerstreß, zeigt der Mensch in der Regel ganz unterschiedliche Gefühlszustände, die sich aber immer wieder auf das alte Muster Angriff (Aggression) oder Flucht (Hilflosigkeit) zurückführen lassen.

Die wichtigsten seelischen Streßzeichen sind:

- übergroße Nervosität
- starke Gefühlsschwankungen
- Gefühle der Angst und Unsicherheit
- Tendenz zu vermehrter Aggression
- Ungeduld und gereiztes Reagieren auf kleinere Mißgeschicke
- Tendenz zu Depressionen
- Konzentrationsschwierigkeiten
- Gedächtnisstörungen

Auf der anderen Seite kann eine positive Lebenseinstellung den Körper in Krisenzeiten so stärken, daß er auch den schwersten Streß gesund übersteht. Zahlreiche Untersuchungen haben bewiesen, daß ein fröhliches Gemüt die Produktion von weißen Blutkörperchen steigert – ein Umstand, der gerade im Kampf gegen Herpes besonders zählt.

Vor der Streßbewältigung steht die Analyse

Eine wirksame Bewältigung von Streß und damit der erste Schlüssel zur Vermeidung von Krankheiten und auch eines Herpesausbruchs ist die genaue Analyse des eigenen Verhaltens; denn Streß wird ganz individuell empfunden. Was für den einen eine Belastung darstellt, meistert der andere mit einem Fingerschnippen.

Mit drei ganz einfachen Fragen kann jeder schnell und zuverlässig belastende Situationen analysieren.

1. Welche Dinge regen mich auf (positiv oder negativ)?
2. Was bringe ich mit, um die aufregende Situation zu meistern? (Zum Beispiel: »Ich kann gut meine Meinung sagen!«)
3. Wie reagiere ich auf belastende Situationen? (»Ich fange immer an zu stottern.«)

Diese Analyse ermöglicht einen schnellen Überblick über die jeweilige Situation und hilft bei der Entscheidung, was in der Reaktion auf eine Belastung verändert werden muß.

Unterschiedliche Wege können dabei helfen, den Streß einzudämmen:

➡ **Umweltbedingungen verändern**
Die stressigen Umwelteinflüsse vermeiden oder verringern. Am Beispiel des Sonnenherpes: Meiden Sie lange Sonnenbäder.

➡ **Das eigene Verhalten verändern**
Erlernen von Entspannungstechniken und dadurch Erhöhen der individuellen Belastbarkeit (zum Beispiel bei Lippenherpes durch Streß).
Aufbau von positiven Verhaltensmöglichkeiten (etwa für ausreichend Schlaf und gute Ernährung sorgen).
Bewertung der belastenden Situation verändern (Ist der Streit mit dem Chef wirklich so schlimm, oder nehme ich es nur so schwer, weil ich selbst schlecht geschlafen habe?).

➡ **Die Erregung herunterfahren**
Selbst dann, wenn weder das streßauslösende Moment noch das eigene Verhalten schnell geändert werden kann, gibt es Möglichkeiten, die Streßreaktion kurzfristig so zu beeinflussen, daß eine Verstärkung des Stresses verhindert werden kann. Folgende Techniken haben sich bewährt: Atmen Sie tief durch, versuchen Sie sich abzulenken, indem Sie an etwas Positives denken, führen Sie positive Selbstgespräche.

Wege, um wieder ins Gleichgewicht zu kommen

So individuell wie die Empfindungen und die Reaktionen auf stressige Ereignisse sind, so unterschiedlich sind auch die Methoden, die den Körper wieder ins Gleichgewicht bringen können.
Jede Situation erfordert eine auf sie speziell zugeschnittene Reaktion zur Streßverminderung. Was an dem einen Tag gut und richtig war, mag am anderen schon wieder unpassend sein. Flexibilität ist deshalb eine unabdingbare Voraussetzung für die Bewältigung von Streß. Wer dazu neigt, ein einmal für gut befundenes Bewältigungsverhalten auf jede Streßsituation anzuwenden, der begibt sich – wegen der aufgebauten Erwartungshaltung – nur zu schnell in die nächste Belastung.

Das A und O der positiven Streßbewältigung ist und bleibt die Fähigkeit, sich zu entspannen und damit dem Körper und der Psyche die wohlverdiente Auszeit zu gönnen. Mit ganz einfachen Mitteln lassen sich entspannende Momente in den Alltag integrieren.

- ➡ Ein schönes Schaumbad mit Duftölen ist der ideale Streßkiller und hebt die Stimmung.
- ➡ Duftlampen gefüllt mit Jasmin und Sandelholz steigern das Lustempfinden, sorgen für eine entspannte Atmosphäre.

- Äußere Reize, wie Fernsehen, Radio, Musik, für ein paar Minuten abstellen und die Stille zum Entspannen nutzen. Die Reizarmut läßt die erregten Nervenbahnen zur Ruhe kommen.

Grundsätzlich haben alle Aktivitäten, die zufriedenstellen, einen entspannenden Effekt. Ein vertrödeltes Wochenende, das Schmökern in einem Buch, ein langer Spaziergang – das sind nur wenige von zahllosen Möglichkeiten, sich auf eine ganz einfache Weise zu entspannen.

Darüber hinaus kann Entspannung jedoch aktiv angegangen werden. Mit bestimmten Methoden (wie zum Beispiel dem Autogenen Training, Yoga, Schattenboxen, Atemtherapie, Feldenkrais) gelingt es, Körper und Seele in eine harmonische Balance zu bringen, Streß abzubauen und gesund zu bleiben. Durch die langsamen, weichen Bewegungen verschmelzen Körper und Seele, werden zu einer Einheit. Atmung, Stoffwechsel und Immunsystem kommen auf sanfte Weise in Schwung. Das Erregungsniveau des Körpers sinkt wieder, die Belastbarkeit wird erhöht und bereits bestehende psychosomatische Beschwerden können abgebaut werden.

Körpererholung durch aktive Muskelentspannung

Ein einfacher und sehr wirkungsvoller Einstieg in die aktive Entspannung gelingt mit der von Edmund Jacobsen entwickelten »systematischen progressiven Muskelentspannung«. Dabei geht es darum, nacheinander folgende Muskelpartien zunächst an- und dann wieder zu entspannen: Hände, Unterarme, Oberarme, Schultern und Nacken, Rücken, Gesicht, Hals, Brust, Bauch, Gesäß, Oberschenkel, Unterschenkel, Füße.

Kurzform der progressiven Muskelentspannung:

1. Setzen Sie sich bequem auf einen Stuhl und zwar so, daß Sie frei und ungehindert sitzen und nichts Ihre Haltung behindert.
2. Die Arme sind leicht angewinkelt, die Handgelenke liegen locker auf, die Beine sind bequem ausgestreckt, die Füße fallen von alleine leicht nach außen.
3. Schließen Sie die Augen und versuchen Sie, an nichts Bestimmtes zu denken.
4. Versuchen Sie, jeden Muskel des Körpers aktiv zu fühlen.
5. Beginnen Sie nun damit, die einzelnen Muskelpartien, wie oben aufgeführt, nacheinander für eine kurze Zeit fest anzuspannen.

6. Lassen Sie nach jeder Muskelpartie, also nach jeder Anspannung locker. Wenn Sie es richtig gemacht haben, dann spüren Sie einen deutlichen Unterschied zwischen Anspannung und Entspannung. Nehmen Sie sich Zeit, diesen Unterschied zu erkennen und auszukosten.
7. Gehen Sie mehrmals durch alle Muskelpartien durch.

Methoden der Seelenentspannung

Eine weitere gute Möglichkeit, sich und den Körper zu entspannen und zur Ruhe zu bringen, bedient sich der Kraft von Bildern.

Innere Bilder besitzen eine große Wirkung auf das Unterbewußtsein, da sie eine wichtige Rolle bei der Steuerung, der Aktivierung und Deaktivierung des Körpers spielen. Psychologen haben sich die Macht der Bilder aus diesem Grund schon lange zu Nutze gemacht und entdeckt, daß man mit positiven Bildern das Unterbewußtsein stärken und beruhigen kann, was letztlich zur allgemeinen Körperentspannung führt.

Entspannung mit einem individuellen Ruhebild:

1. Setzen Sie sich bequem auf einen Stuhl. Achten Sie darauf, daß Sie nichts behindert, weder Kleidung noch Beschaffenheit der Unterlagen noch Geräusche.
2. Atmen Sie ruhig ein und aus.
3. Schließen Sie die Augen.
4. Stellen Sie sich irgendeinen Ort vor, an dem Sie sich ruhig, zufrieden und geborgen fühlen. Das kann ein Zimmer sein, eine Landschaft, irgendein Ort, zu dem Sie gehen könnten, wenn Sie Frieden und Ruhe finden möchten.
5. Gehen Sie jetzt in Gedanken zu diesem Ort und werden Sie ein Teil dieses Bildes.
6. Versuchen Sie die Farben des Ortes zu sehen, betrachten Sie alles ganz genau.
7. Versuchen Sie die Geräusche, zum Beispiel das Rauschen des Meeres, das Lachen der Kinder, die Palmblätter im Wind, zu hören und die Gerüche (Meer, Gras, Blüten) wahrzunehmen.
8. Versuchen Sie zu spüren, wie Ihr Körper Kontakt mit der Umgebung aufnimmt, wie er zum Beispiel auf dem warmen Sand liegt.
9. Verankern Sie Ihr eigenes Ruhebild fest in Ihrem Kopf. Verbleiben Sie noch ein, zwei Minuten mit geschlossenen Augen in diesem Bild.
10. Tauchen Sie langsam wieder aus dem Ruhebild auf und versuchen Sie dabei, das Gefühl der Ruhe und Entspannung zu bewahren.

Positive Selbstgespräche

In Streßsituationen tauchen immer wieder Gedanken auf, die wie eine Bremse auf den Organismus wirken. Sätze wie »Ich bin nicht so gut wie die anderen!«, »Mein Chef möchte mich am liebsten loswerden!« oder »Ich bin klein und häßlich!« nehmen Körper und Geist die Kraft, stressige Situationen zu meistern. Mit der folgenden Methode können Sie die lästige innere Stimme in Ihrem Körper zur Ruhe bringen.

1. Schreiben Sie alle Gedanken, alle Sätze auf, die Ihnen in einer stressigen Situation automatisch durch den Kopf gehen.
2. Unterteilen Sie diese Gedanken in positive und negative Aussagen.
3. Ersetzen Sie jetzt die negativen Sätze durch positive. Zum Beispiel den negativen Satz: »Ich bin nicht so gut wie die anderen!« durch: »Ich werde mein Bestes geben, und das wird für die Bewältigung der Situation ausreichen.« Wichtig ist dabei, daß Sie die positiven Sätze wirklich selbst formulieren und auch an sie glauben. Nur dann sind sie wirksam.
4. Setzen Sie diese positiven Gedanken vor, während und nach der stressigen Situation ein. Sprechen Sie, je nach Situation, die positiven Sätze laut oder in Gedanken vor sich hin.

Und ganz wichtig: Bei jeglicher Art der Streßbewältigung ist es notwendig, daß Sie gnädig mit sich selbst umgehen. Versuchen Sie, sich über kleine Fehl- und Rückschläge nicht zu ärgern, bleiben Sie realistisch bei der Wahl Ihrer Bewältigungsstrategien und freuen Sie sich über jeden Erfolg, und sei er noch so klein.

Entdecken, was unter die Haut geht: Psyche und Herpes

Die Haut, das Kontaktorgan des Menschen

Schaut man sich an, welches Organ von der Erkrankung betroffen ist, dann wird der Zusammenhang zwischen Körper und Seele noch deutlicher, denn das Virus befällt Haut und Schleimhäute.

Die Haut: Mit einer Fläche von insgesamt durchschnittlich rund 1,6 Quadratmetern ist sie nicht nur das größte und sichtbarste Organ des Körpers. Sie ist auch eines der wichtigsten. Sie ist mehr als nur eine Hülle, die den Organismus zusammenhält. Erst sie ermöglicht ein Überleben, indem sie das Instrument ist, mit dem der Körper exakte Messungen vornehmen kann, um sich perfekt an die äußeren Umweltbedingungen anzupassen. Zehntausende von kleinen Fühlern, die in und auf der Hautoberfläche sitzen, die sogenannten Sensoren, registrieren fein jede Temperaturschwankung, jeden Verlust von Flüssigkeit, jedes Zuviel oder Zuwenig an Licht. Darüber hinaus ist die Haut das Abwehrorgan gegen Bakterien und (Herpes-)Viren. Sie ist der größte und wichtigste Türwächter des Immunsystems. Als Barriere schützt sie die inneren, empfindsamen Organe des Organismus.

Die Haut übernimmt nicht nur all diese so lebens- und überlebenswichtigen Aufgaben, sie ist auch das Kontaktorgan des Körpers. Die Verbindung zwischen draußen und drinnen, zwischen »Ich« und »Du«, zwischen Innen- und Umwelt. Der Tastsinn, der über die Sensoren der Hautoberfläche funktioniert, lehrt den Menschen, zwischen drei unterschiedlichen Berührungsqualitäten zu unterscheiden: Druck, Bewegung und Vibration. Aber die Haut ist nicht nur Empfänger, sondern auch Sender. Und die von ihr ausgesandten Signale können weitreichende Folgen für das soziale Miteinander haben.

Jeder, der in der Pubertät unter Akne gelitten hat, kann ein Lied davon singen, wie schambesetzt ein Auftritt in der Öffentlichkeit mit einem von Pickeln und Pusteln entstellten Gesicht sein kann. Aus psychologischen Studien ist bekannt, daß bei der ersten Kontaktaufnahme innerhalb von nur sieben Sekunden der Eindruck des Gegenübers abgecheckt wird. Top oder Flop? Und die Haut ist dabei ein ganz entscheidendes Beurteilungskriterium. Daran meinen wir zu erkennen, wie alt, wie gesund und wie gepflegt das Gegenüber ist. Und wir schließen dabei auch nur zu schnell auf den gesamten Menschen. So entstehen Vorurteile, die in der heute so schnellebigen Zeit schwer wieder rückgängig zu machen sind. Ist der erste Eindruck negativ, gibt es in wichtigen Situationen nur selten eine zweite Chance.

Ist die Haut der Spiegel der Seele?

Riesige Industriezweige verdienen gut daran, Gesichter auf alterslos zu trimmen, scheinbare Fehler zu übertünchen, Falten, die das Leben in das Gesicht gelacht oder geweint hat, unsichtbar zu machen. Der Volksmund bringt diese ausgeklügelte zeit- und kostenintensive Fassadentechnik auf den Punkt: Jeder trachtet danach, »das Gesicht zu wahren« oder »nicht das Gesicht zu verlieren«, und bei diesen Bemühungen werden die Gesichter zu starren Masken, hinter denen Seelen stecken, die längst verlernt haben zu zeigen, was sie wirklich bewegt, was ihnen am Herzen liegt oder an die Nieren geht. Doch Körper und Seele sind eine Einheit, und auf die Dauer bahnen sich Gefühle ihren Weg und suchen sich das schwächste Glied. Bei vielen Menschen ist das die Haut, die als großes Kontaktorgan signalisiert, daß etwas nicht stimmt.

Die Haut vermag nicht zu lügen. Wie sehr man auch

versucht, starke Emotionen unter Kontrolle zu halten, die Haut macht nur zu oft einen Strich durch die Rechnung. Sie wird bleich vor Schreck, rot vor Zorn oder Scham, sie reagiert mit Gänsehaut oder Schwitzen bei Angst, aber auch bei Lust. Und hilft das alles nicht mehr, werden diese Signale übergangen, dann kann die Antwort der Ausbruch eines Herpes sein.

Zuviel Streß oder zuwenig Liebe?

Das Virus schlägt beim Herpes labialis in erster Linie an den Lippen zu. Die Bläschen zerstören damit das makellose Aussehen, verhindern die Lust auf innige Küsse und sorgen für Distanz. Auf der einen Seite kann es natürlich sein, daß Betroffene sehr unter dem Herpes leiden, auf der anderen Seite kann Herpes für sie durchaus auch eine positive Seite haben: Gibt das Virus doch die Möglichkeit, sich zurückzuziehen, zu Hause zu bleiben, ausschlafen zu können, es sich endlich gemütlich machen zu dürfen. Für viele Betroffene gibt Herpes somit die Erlaubnis für Ruhe und Rückzug. Es ist ein Phänomen, daß Menschen ihre Krankheit unbewußt auch lieben. Sie wird zwar als unangenehm empfunden, aber die damit verbundenen Begleitumstände wiederum können durchaus angenehm sein. »Ich liebe meinen Herpes, weil ich dann zu Hause bleiben darf«, könnte so ein Muster heißen.

Von Schmerzpatienten ist aus psychologischen Studien bekannt, daß sie als positive Seite ihrer Schmerzen empfinden, daß sich dann ihre Umgebung um sie kümmert. So kann Krankheit auch einen Gewinn bedeuten. Auch Kinder machen dies deutlich, wenn sie mit Bauch- oder Kopfschmerzen zu Hause bleiben dürfen und dann gepflegt werden, was nicht heißen soll, daß sie diese Bauch- oder Kopfschmerzen nicht hätten. Schmerzen sind für Kinder zum Beispiel eine Möglichkeit, ganz viel Zuwendung zu bekommen, in den Arm genommen zu werden, gestreichelt zu werden, Aufmerksamkeit zu erregen.

Probleme mit Nähe und Distanz?

Es ist eine der wichtigsten und zugleich schwierigsten Aufgaben im Leben eines Menschen, im Miteinander mit Partnern, Freunden, Kollegen für ein ausgewogenes Nähe-Distanz-Verhältnis zu sorgen. Wie oft läßt man sich breitschlagen, geht über die eigenen Grenzen, um andere mit einem »Nein« nicht zu brüskieren. Wie sehr mißachtet man das Bedürfnis nach Ruhe? Wann hat man zuletzt anderen die eigenen Bedürfnisse klargemacht? Wer immer an den Lippen von Herpesbläschen betroffen ist, für den kann es lohnend sein, sich diese Fragen zu beantworten. Eine sinnvolle Lernaufgabe wäre hier, öfter mal ein »Nein« über die Lippen zu bringen oder auch die sprichwörtliche »Lippe zu riskieren« und seinem Gegenüber endlich unmißverständlich klarzumachen, was man will. Letztlich liegt das Geheimnis des Kontaktes im Setzen gesunder Grenzen. Denn wirklicher, echter Austausch zwischen zwei Menschen findet genau an den Grenzen statt. Wer dies übersieht, für den kann Herpes eine grenzsetzende und somit distanzschaffende Funktion haben.

Zuviel Ärger und zuwenig Harmonie?

Auch die von einer Gesichtsrose Betroffenen wissen, zusätzlich zu den ohnehin starken körperlichen Schmerzen, über die Leiden zu berichten, die die Erkrankung psychisch verursacht – einzig und allein dadurch, daß sie im Bereich des Gesichtes auftritt. Aus den Schilderungen der Betroffenen ergibt sich, daß fast immer ein ungelöster

Konflikt der Erkrankung unmittelbar vorausging. Das kann ein heftiger Streit mit einem Mitarbeiter sein, aber auch eine immer wieder verschobene Entscheidung über das Fortbestehen einer Beziehung. Im Gegensatz zu anderen Herpesarten macht sich die Gesichtsrose mit starken Nervenschmerzen bemerkbar. Hier kann es sinnvoll sein, einmal darüber nachzudenken, was einem denn in der letzten Zeit »auf die Nerven« oder »unter die Haut« gegangen ist. Da in der Regel immer nur eine Seite des Gesichts und nur bestimmte Teile betroffen sind, paßt die sprichwörtliche Wendung nur zu genau. Die befallene Stelle brennt wie eine Ohrfeige. Die Frage ist hier: Wer oder was – außer dem Virus – hat eigentlich zugeschlagen?

Zwischen Lust und Last?

Wenn das Herpesvirus unter die Gürtellinie geht, dann wird es für die Betroffenen meistens noch schwieriger, Zugang zu der eigenen Krankheit zu finden. Im Fall der Gürtelrose mag das zunächst noch akzeptabel sein. Auch hier spielen, wie bei der Gesichtsrose, oftmals verdrängte oder nicht eingestandene Konflikte eine große Rolle. So kann das plötzliche Flattern des Herzens beim Auftauchen eines Fremden mit großer Scham und nicht eingestandener Lust einhergehen. Aber auch der Kampf um die eigene wirtschaftliche Existenz oder Angst vor Einsamkeit können den Ausbruch der Krankheit an diesen eher verdeckten Stellen begünstigen.

Überaus scham- und schuldbesetzt ist der Herpes genitalis, schlägt er doch an den intimsten, geheimnisvollsten und in der Regel verborgensten Körperstellen zu. Die Diagnose »Genitalherpes« trifft somit die meisten Betroffenen wie ein Schlag. Und geht oft einher mit starken Schuldgefühlen, da die Erkrankung von vielen als »Lustseuche« gebrandmarkt wird.

Wie alle Geschlechtskrankheiten ist der Herpes genitalis mit starken Vorurteilen behaftet. Nirgendwo ist die Dunkelziffer so hoch, nirgendwo wird mit Schuld so hemmungslos umgegangen wie bei Geschlechtskrankheiten. »Aber ich habe doch gar nichts Verbotenes gemacht!«, »Nie ist so ein Herpes in meiner Familie vorgekommen.«, »Den hat mir bestimmt jemand angedreht«, das sind oft die hilflosen Erklärungsversuche für eine unheilbare Krankheit, die immer wiederkommt und mit der man sich aus diesem Grund auch immer wieder aufs neue auseinandersetzen muß, ebenso wie mit seiner eigenen Lust und seinem eigenen Verhältnis dazu. Viele Betroffene hatten lange vor dem Ausbruch der Erkrankung keinerlei intime Kontakte. Manche desinfizieren sorgsam jede Toilette vor der Benutzung. Und trotzdem bricht sich die Krankheit immer wieder Bahn.

Das Schwierige: Im Gegensatz zu anderen Herpesarten, dem Lippenherpes beispielsweise, spielen nach Meinung von Ärzten psychische Faktoren bei Rezidiven des Virus Typ 2 eine untergeordnete Rolle. Somit ist es kaum möglich, diese Erkrankung mit anderen Mitteln als mit starken Virostatika in den Griff zu bekommen.

Ekel und Herpes

Wie eng Psyche und Körper in bezug auf die Herpeserkrankung miteinander in Verbindung stehen, wurde an der Universität Trier bewiesen. Die Idee zu untersuchen, ob Ekel einen Lippenherpes hervorrufen kann, wurde ausgelöst durch die Bemerkung einer Sekretärin, die sagte: »Wenn ihr eure ekelhaften Gläser hier stehen laßt, dann bekomme ich einen Herpes.«

Daraufhin startete man ein Experiment und suchte per Interview Teilnehmer. Schon in dieser Phase fiel auf, daß es sowohl Personen gab, die sich vor Gegenständen ekelten, als auch Personen, die sich vor Menschen ekelten. Bei einer Frau wurden Herpesrezidive zum Beispiel durch den Anblick ihr unappetitlich erscheinender Männer ausgelöst. Sie reagierte nur auf Männer, die schlecht rochen, schlecht gekleidet und unrasiert waren.

Aus einer Gruppe von 91 Personen mit Lippenherpes wurden zwanzig ausgesucht, die nach eigenen Aussagen mit einem Herpesrezidiv ausschließlich auf schmutzige

Gläser und Geschirr reagierten. Sie wurden in zwei Kontrollgruppen eingeteilt. Die eine Gruppe wurde zunächst mit Dias von verschmutztem Geschirr, dann mit dreckigem Geschirr selbst konfrontiert. Der Kontrollgruppe wurden saubere Gegenstände im Bild und »in natura« gezeigt. Zwei Tage nach dem Experiment war bei vier der Versuchspersonen, denen die dreckigen Gläser gezeigt wurden, ein Herpes ausgebrochen. In der Kontrollgruppe zeigte niemand eine Reaktion.

Die Studie macht deutlich, daß bei sensiblen Personen eine akute Herpesinfektion durch emotionale Prozesse, wie starken Ekel, ausgelöst werden kann. Auch Überbelastung im Beruf kann ein typischer Auslösefaktor sein.

Für die Experten handelt es sich bei dem Ausbruch eines Ekelherpes nicht einfach um ein Signal nach außen, sondern um ein Reaktionsmuster. Wie manche Personen auf bestimmte Formen von Streß mit Migräne reagieren, ist bei anderen eben die Empfänglichkeit für Herpes das schwächste Glied in der Kette. Dieser tritt immer dann auf, wenn es zu starken Belastungen der verschiedensten Art kommt. Dann macht sich dieses schwächste Glied in der Kette bemerkbar. Dabei kann es sowohl in der individuellen Krankengeschichte begründet oder aber auch genetisch vorgegeben sein, wo dieses schwächste Glied in der Kette liegt.

Psychotraining gegen Herpes

Ein verhaltenstherapeutisches Trainingsprogramm kann von Ekelherpes Betroffenen genauso helfen wie Menschen, die von Panikattacken beim Anblick einer Spinne, beim Fahren mit einem Aufzug oder beim Überqueren eines großen Platzes befallen werden. Das haben Experten bei ihren Untersuchungen festgestellt. Ihnen fiel auf, daß es zwischen den Personen, die mit Ekelherpes reagieren, und Panikpatienten eine hohe Ähnlichkeit im Verhalten gibt. Beide Typen haben, zentriert auf ein Objekt, bestimmte Strategien entwickelt, um unangenehmen Situationen aus dem Weg zu gehen. Für beide gibt es einen erprobten Weg, das Leiden loszuwerden.
Mit angeleiteten Entspannungsübungen und der Methode der »systematischen Desensibilisierung« können die Betroffenen behutsam lernen, ihren Ekel zu überwinden, ohne einen Herpes entwickeln zu müssen. Dies geschieht schrittweise. Zunächst kann sich der von Ekelherpes Betroffene sagen: »O.k., ich werde mir jetzt einmal ein paar Bilder von schmutzigem Geschirr angucken und mich nicht ekeln oder mich einfach an diesen Anblick gewöhnen, und ich werde nicht weggehen.« Später kann es auch ein verdrecktes Glas sein, dem man sich nähert. Wichtig ist

die Gewöhnung, das Wissen, daß der Anblick nicht nur aushaltbar, sondern auch für sie ganz ungefährlich ist. So werden langfristig die Ekelgefühle überwunden und der damit in Zusammenhang stehende Herpesausbruch verhindert.

Über Selbstheilungskräfte und Placebos

Wer hat nicht schon einmal etwas von Wunderheilern gehört, von magischen Orten und übersinnlichen Energien? Quasi über Nacht, so scheint es, verschwinden jahrelange körperliche Leiden, und die Betroffenen fühlen sich so gesund, als seien sie nie von einer Krankheit heimgesucht worden.

Die Wunderheilungen von Lourdes sind ein typisches Beispiel für Selbstheilungskräfte, die Körper freisetzen können. Einige der Fälle, in denen die Betroffenen von sagenhaften Heilungen berichten, hielten sogar der strengen wissenschaftlichen Überprüfung stand. Darunter waren besonders häufig Krebs- und Autoimmunerkrankungen sowie Infektionen zu finden.

Der Glaube an ein Wunder, die starke Hoffnung auf ein

Ende der Krankheit kann also in manchen Fällen tatsächlich das Unglaubliche herbeiführen – nämlich die Gesundung. Schulmediziner haben sich dieses Wissen schon lange zunutze gemacht und verabreichen bei manchen Erkrankungen sogenannte Placebo-Medikamente. Das sind Mittel, die keine den Krankheitsverlauf beeinflussenden Wirkstoffe enthalten.

Gerade bei der Behandlung des Lippenherpes haben Hautärzte gute Behandlungserfolge mit Placebo-Medikamenten erzielt. In einer gemeinsamen achtmonatigen Studie verschiedener deutscher Hautkliniken zeigte sich, daß sowohl das Placebo (in diesem Fall Kochsalzlösung) als auch eine Herpesvakzine zu einer deutlichen Abnahme von Herpesrezidiven führte. Interessant: Der Placebo-Effekt war sogar etwas stärker als die Wirkung der Vakzine.

Kein Wunder, daß immer mehr Mediziner ihre Herpespatienten nicht mehr nur konventionell mit Medikamenten behandeln, sondern sie auch zu Besprechern schicken – weil diese Methode sich als wirksam herausgestellt hat. Warum und wieso, weiß man nicht genau. Aber es wirkt – nicht in allen, aber in vielen Fällen.

Von der Kunst des Besprechens

Personen, die die Kunst des Besprechens von Warzen, Gürtelrosen oder Lippenherpes beherrschen und nicht zu denen gehören, die mal eben eine schnelle Mark verdienen wollen, scheuen in der Regel davor zurück, sich als »Wunderheiler« zu bezeichnen. Obwohl es für die Betroffenen tatsächlich an ein Wunder grenzt, was dort geschieht: In vielen Fällen verschwindet der Herpes. Besprecher bezeichnen sich oft als Wegbegleiter, und die Menschen, die zu ihnen kommen, als die wahren Experten ihrer Erkrankung. »Jeder ist sein eigener Heiler«, sagt denn auch eine Hamburgerin, die sich in der Methode des Besprechens auskennt. Denn Kraft zum Heilen, die findet zunächst einmal jeder bei sich selbst. So ist auch die Kunst des Besprechens keine Zauberei, sondern vielmehr in dem Mut und dem Willen der Betroffenen begründet, Ängste, Sorgen und Nöte loszulassen und den Glauben an sich und die eigene gesunde Kraft wiederzufinden.

Was passiert bei einer Besprecherin?

Bei der Hamburgerin Ingeborg Antonio beginnt jede Sitzung erst einmal mit Entspannung. In ihrem kleinen Behandlungszimmer riecht es nach Wald, Wiesen und Blumenpracht. An den Wänden hängen Bilder, die überwiegend in den Farben Blau, Gelb und Weiß gehalten sind. Hier sollen Menschen, die zum Beispiel unter einer schmerzhaften Gürtelrose leiden, erst einmal zu Ruhe kommen, aus- und entspannen. Hier sollen sie, auf dem Behandlungsstuhl liegend und in eine Decke gehüllt, Geborgenheit und Balsam für die unruhige und oft unglückliche Seele finden. Das Ritual, mit dem die Hamburger Reiki-Meisterin versucht, auch Herpes-Betroffenen zu helfen, hält sie wie andere Besprecher, die sich auf diese Kunst verstehen, streng geheim. Dennoch vertritt sie die Auffassung: »Wer mit alternativen Methoden versucht, sein Leiden zu heilen, darf die Schulmedizin auf keinen Fall aus den Augen verlieren.«

95 Prozent der Menschen, die mit Gürtelrose zu Ingrid Antonio kommen, haben die Erkrankung, so ihre Beobachtung, nach einer schweren seelischen Erschütterung bekommen oder befinden sich in einem dauernden Zustand seelischer Instabilität. Besonders in der Weih-

nachtszeit, um die Feiertage herum, wenn die Einsamkeit besonders deutlich zu spüren sei, reagierten viele mit der Ausbildung einer Gürtelrose. Ältere Menschen seien besonders betroffen, gerade nach dem Verlust ihres lebenslangen Partners, beispielsweise durch Tod. Immer öfter kommen jedoch auch etwas jüngere Menschen zu Ingeborg Antonio, oft nach Operationen, die sie seelisch so mitgenommen haben, daß sie mit einem Herpes, schlimmstenfalls mit einer Rose darauf reagierten. Neben ihrem eigenen Ritual des Besprechens und der in schweren Fällen unerläßlichen Schulmedizin sind für Ingeborg Antonio Ruhe, Geborgenheit und Entspannung entscheidende Faktoren, die einen Herpes schneller ausheilen lassen.

Was viele schon immer vermutet haben, findet in der Welt der Wissenschaftler und Mediziner mehr und mehr Anerkennung: Herpes ist eine Krankheit, bei der die Psyche eine große Rolle spielt. Psychodermatologen wissen, daß psychische Faktoren bei Herpes, genauso wie bei der Schuppenflechte oder der Akne, wesentlichen Einfluß auf den Krankheitsverlauf haben. Vermutet wird, daß rund 50 Prozent der Herpesauslöser psychisch bedingt sind.

Leben mit dem Herpes

Der erste Schritt ist, die Augen nicht zu verschließen. Das heißt, jeder, der einmal einen Herpes hatte, muß von diesem Zeitpunkt an immer mit einem Rückfall rechnen.

Der zweite Schritt ist dann schon schwieriger, weil er eine genaue Beobachtungsgabe erfordert. Der Betroffene muß sich fragen, in welchem Zusammenhang der Herpes auftaucht, was vorher war, in welcher Situation er sich befindet, wenn es losgeht. Wichtig ist zum Beispiel die Überlegung: »Kriege ich einen Herpes, wenn ich gestreßt bin, oder bekomme ich den Herpes, wenn ich mich ekele? Taucht er nur im Sommer auf, nach dem Sonnenbad, oder immer dann, wenn das Herz zu flattern beginnt – vor Angst oder Freude?« Die Antworten auf diese Fragen sollten genau aufgeschrieben werden. Vor allem im Hinblick auf die Fragen »Was war eigentlich gestern, und was war vorgestern?« In der Regel reicht es, wenn ein Zeitraum von 48 Stunden dokumentiert wird, denn ein Herpes kann sehr schnell ausgelöst werden. Bei manchen Menschen innerhalb von zwei Stunden. Herpes ist demnach oft eine ganz konkrete Reaktion auf ein bestimmtes Ereignis.

Im nächsten Schritt werden die Aufzeichnungen miteinander verglichen und Gemeinsamkeiten gesucht. Sehr schnell kann dabei zum Beispiel herausgefunden werden, ob der Herpes bei Familienstreß oder Berufsstreß ausbricht. Wenn vier oder fünf Herpesfälle auf diese Weise dokumentiert sind, dann wird das Reiz-Reaktions-Muster deutlich.

Danach geht es an die wirkliche Arbeit. Wer sein eigenes, persönliches Herpes-Schema erkannt hat, kann dieses Muster verändern, zum Beispiel Streß abbauen, mehr schlafen, Entspannungstechniken erlernen und sich an das, was dem Herpes als eigentliche Ursache zugrunde liegt, langsam herantrauen. Bricht ein Herpes also zum Beispiel immer dann aus, wenn man ein schwieriges Gespräch mit seinem Vorgesetzten hat, dann ist es sicher falsch, solche Gespräche in Zukunft gänzlich zu vermeiden (mal abgesehen von der Tatsache, daß das auch gar nicht funktionieren würde). Besser ist hier das Erlernen von bestimmten Entspannungstechniken, die man dann vor einer stressigen Situation anwenden kann und die einem helfen, die Situation besser durchzustehen. Je nach Schwere der als belastend empfundenen Situation ist das alleine meist nicht zu schaffen. Ein guter Psychologe, ein guter Verhaltenstherapeut ist heute auch darauf vorbereitet, Patienten mit Herpes anzunehmen und ihnen zu helfen. Privatpatienten könnten bei der Inanspruchnahme dieser therapeutischen Hilfe die Kosten vielleicht sogar von der Kasse zahlen lassen.

Lernen Sie Ihren Herpes kennen

Dieses Kennenlernen kostet zwar ein wenig Mühe, es kann sich aber als überaus lohnend erweisen und ein erster wichtiger Schritt in Richtung Gesundheit sein. Deshalb nehmen Sie sich für Ihren Herpes Zeit. Schenken Sie ihm den Raum und die Beachtung, die er verdient und braucht. Lernen Sie ihn verstehen. Er gehört zunächst erst einmal zu Ihnen. Und er ist ein ganz individueller Kerl, der auf Sie fixiert ist, Ihnen vielleicht auch etwas Wichtiges über Ihr Leben mitteilen möchte.

Der Fragebogen auf den folgenden Seiten soll Ihnen dabei helfen, die ganz persönliche Beziehungsgeschichte zwischen Ihnen und Ihrem Herpes ans Tageslicht zu bringen. Wichtig ist, daß Sie ehrlich und möglichst präzise antworten und die letzten zwei Tage und Nächte vor dem Ausbruch der Bläschen bis ins Detail festhalten. Dann kann es Ihnen gelingen, das Profil Ihres Herpes auszumachen, den Mechanismus zu erkennen, nach dem er immer wieder auftritt, und geeignete Gegenmaßnahmen zu ergreifen. Mit diesen Beobachtungen können Sie zu Ihrem Arzt gehen und die Aufzeichnungen mit ihm durchsprechen. Gemeinsam können Sie überlegen, welche Therapie für Sie die richtige ist.

Körper, Seele und Umwelt: die drei Säulen der Herpes-Beobachtung

Wie geht es Ihrem Körper?

Ernährung

1. Was habe ich gegessen?
2. Gab es irgendetwas Besonderes, das ich sonst nicht zu mir nehme? Mehr Fett, viel Alkohol?
3. Habe ich mich vor etwas geekelt? Waren die Speisen unappetitlich? Waren das Geschirr oder das Besteck dreckig? War mir die Bedienung unangenehm?
4. Wo habe ich gegessen? An einem ungewöhnlichen Ort, in der Kantine, an der Frittenbude, zu Hause?
5. Wie habe ich gegessen? In Eile? Im Stehen, im Gehen?
6. Habe ich mehr als sonst geraucht, getrunken?
7. Nehme ich Medikamente ein? Welche?
8. Habe ich eine Diät begonnen?

Allgemeiner Gesundheitszustand

1. Wie fit fühle ich mich gesundheitlich?
2. War ich in der letzten Zeit krank, was hatte ich?
3. Habe ich eine Krankheit verschleppt?
4. Habe ich Sport getrieben? Welchen?
5. Habe ich mich beim Sport verausgabt?
6. Wie habe ich geschlafen?

7. Hatte ich genügend Schlaf? Wieviele Stunden?
8. Habe ich stark geschwitzt oder gefroren?
9. Für Frauen: Wann war meine letzte Menstruation?

Allgemeine Umweltfaktoren

1. Welche Jahreszeit haben wir?
2. Wie war das Wetter?
3. War ich im Freien? Wo und wie lange?
4. War ich der Sonne stark ausgesetzt?
5. War ich im Urlaub, an einem anderen Ort?
6. Bin ich lange geschwommen?

Fragen speziell zum Herpes

1. Wo tritt der Herpes auf?
2. Was waren seine Vorzeichen?
3. Wie habe ich darauf reagiert?
4. Habe ich Medikamente/Hausmittel angewendet? Und welche?
5. Wie und wann hat es gewirkt? Haben die Schmerzen nachgelassen? Sind die Bläschen eingetrocknet?
6. Wie hat meine Umwelt reagiert? Was haben Familie, Freunde, Kollegen oder Fremde gesagt?

Wie wohl fühlt sich Ihre Seele?

Wichtig ist hier, genau zu prüfen, welches zentrale Lebensthema mit dem Herpes in Verbindung stehen könnte, an welches Thema Sie sich vielleicht nicht so recht herantrauen, das Ihnen aber doch so unter die Haut geht, daß die sich dann mit einem Herpes zu Wort meldet.

1. Hatte ich genügend Zeit für mich selbst?
2. Wie fühle ich mich? Ausgeglichen, unruhig, traurig, ärgerlich, schlapp?
3. Bin ich mit mir zufrieden? Wenn nein, warum nicht?
4. Habe ich mir beim Blick in den Spiegel gefallen? Hat mich etwas gestört?
5. War ich wütend? Auf wen oder was?
6. Habe ich mich geärgert? Warum, worüber?
7. Habe ich Angst? Vor was?
8. Habe ich Geldsorgen?
9. Habe ich mich nicht getraut, über ein bestimmtes Thema zu sprechen? Was kommt mir nicht über die Lippen?
10. Habe ich Angst vor Nähe und Intimität? Auf wen bezieht sich diese Furcht?
11. Fühle ich mich durch irgend etwas oder irgend jemanden gefesselt?
12. Kann ich zu meiner körperlichen Lust stehen und sie auch leben?
13. Kann es sein, daß mein Herpes etwas ausdrückt, was ich mich nicht zu sagen traue?

14. Welcher Konflikt macht mir zu schaffen? An welches Thema wage ich mich nicht ran?
15. Habe ich mich geekelt, und vor was?
16. Gibt es einen Bereich, wo ich Unordnung nicht ertragen kann?
17. Traue ich mich, mich anderen als die/der zu zeigen, die/der ich bin?
18. Kann ich zu mir selber stehen oder verdränge ich etwas?
19. Habe ich Wünsche, die ich nicht zu äußern wage?
20. Habe ich eine Trennung hinter mir? Wie lange liegt das jetzt zurück, und habe ich mich damit abgefunden?
21. Fühle ich mich im Job oder von meiner Familie allein gelassen, überfordert, ungerecht behandelt, mißverstanden?
22. Hatte ich Streit mit Kollegen? Was war der Grund?
23. Gab es Ärger mit dem Chef? Weswegen?
24. Habe ich eine besondere Nachricht erhalten?
25. War ich besonderen Anforderungen ausgesetzt?

Anhang

Dank

Bei der Erstellung dieses Buches standen uns freundlicherweise die folgenden Experten beratend zur Seite:
Cornelia Ahrens, Ökotrophologin aus Hamburg (zu: Ernährung)
Ingeborg Antonio, Reiki-Meisterin, Edwin-Scharff-Ring 58 in 22309 Hamburg, Telefon 040-6 31 61 88 (zu: Besprechen)
Dr. Angelika Buske-Kirschbaum, Zentrum für Psychobiologie und Psychosomatik, Universität Trier (zu: Herpes und Psyche)
Dr. Wolfgang Kimmig, Hautklinik der Universitätsklinik Eppendorf, Hamburg
Dr. Martina Muttke, Medical Adviser bei der Pharmafirma GlaxoWellcome, Hamburg

Literatur

Altmeyer P. et al: Behandlung des rezidivierenden Herpes labialis mit einer Herpes-simplex-Typ-I-Subunit-Vakzine. In: *Der Hautarzt* 1991.

Arens-Azevédo, U. u. a.: *Ernährungslehre,* Hannover 1990.

Binder, F./Wahler J.: *Handbuch der gesunden Ernährung,* München 1993.

Bode/Korting, G. W.: *Haut- und Geschlechtskrankheiten,* Stuttgart 1970.

Buske-Kirschbaum, A.: *Modulation of the Recurrence of Herpes labialis by Experimentally Induced Disgust,* Center for Psychobiology and Psychosomatic Research, University of Trier (unveröffentlichtes Manuskript).

Dahlke, R.: *Krankheit als Sprache der Seele,* München 1992.

Eberhard-Metzger, C./Ries, R.: *Stichwort Viren,* München 1995.

Freudenberger, H./North, G.: *Burn-out bei Frauen,* Frankfurt a. M. 1992.

Geiss, K.-R.: *Handbuch Sportler-Ernährung,* Hamburg 1990.

Hamm, M./Loewenthal, L.: *Vitamine & Mineralstoffe,* München 1995.

Hellmiß, M./Scheithauer, F.: *Wirkungsvolle Hilfe bei Herpes,* München 1995.

Kemeny, M. E. et. al: Psychological and Immunological Predictors of Genital Herpes Recurrence. In: *Psychosomatic Medicine* 1989

Kimmig, W., Münzel, K.: Psychodermatologie: Klassifikation und dermatologische Grundlagen. In: *Verhaltensmodifikation und Verhaltensmedizin,* 1995.

Miketta, G.: *Netzwerk Mensch,* Reinbek bei Hamburg 1997.

Pflugbeil, K. J.: *Bio topping: immer oben auf mit den Rhythmen der Natur,* München/Wien/Zürich 1991.

Schlieper, C. A.: *Ernährung heute,* Hamburg 1994.

Schmidt, D. D. et al.: The Temporal Relationship of Psychosocial Stress to Cellular Immunity and Herpes Labialis Rercurrences. In: *Family Medicine* 1991.

Schneck, J. M.: Psychological components in a case of herpes simplex. In: *Psychosomatic Medicine* 9/1947

Vetter C.: *Viren, harmlos bis tödlich: Grippe, Masern, Herpes, Aids ...; die medizinische Forschung im Wettlauf mit der Zeit,* Stuttgart 1994.

Wellmann, J., Lentz, C.: *Medikamentenführer,* München 1997.

Willen, K.: *Viren. Die unsichtbaren Killer,* München 1995.

Register

Die Autorinnen

Dr. phil. Tjalda Saathoff, geboren 1952, hat Germanistik und Soziologie studiert und parallel in großen Hamburger Krankenhäusern im Nachtdienst gearbeitet. Nach Zeitungsvolontariat und Promotion war sie von 1983 bis 1990 Redakteurin und zuletzt Ressortleiterin bei verschiedenen Frauenzeitschriften (*Journal für die Frau, Brigitte, Für Sie*). 1991 hat sie sich mit einer Textagentur in Hamburg selbständig gemacht.

Mirjam Frenzel, geboren 1961, Studium der Sozial- und Wirtschaftsgeschichte und Psychologie an der Universität Hamburg. 1984 Volontariat beim *Hamburger Abendblatt*, danach Redakteurin bei *BILD* und *Für Sie*, seit 1992 freie Journalistin, seit 1993 für die Textagentur von Dr. Saathoff tätig.
Sie lebt mit Mann und Sohn in Hamburg.

Dr. med. Stephen T. Chang
Das Tao der ganzheitlichen Selbstheilung

Ein Mensch, der im Einklang mit sich und seiner Umwelt lebt, ist geistig, seelisch und körperlich gesund. Um dies zu befördern, haben die alten Chinesen Übungen entwickelt, die harmonisieren, beruhigen und die Funktion der inneren Organe stärken, die heilende Energien gezielt an alle Stellen des Körpers lenken. Von Atemübungen über Gesichtsmassagen und Übungen für Herz, Leber oder Nieren bis hin zum Dehnen der Zehen – alle Übungen zur Selbsheilung lassen sich einfach nachvollziehen und ohne besonderen Aufwand in den Alltag integrieren.

256 Seiten, kartoniert, zahlreiche Abbildungen, ISBN 3-7205-2023-4

Dr. med. Stephen T. Chang
Das Tao der Sexualität
Von der Weisheit des Liebens

Die Sexualität ist die Quelle der Glückseligkeit, die unserem Leben Gesundheit, Lebensfreude, innere Ausgeglichenheit und Weisheit schenkt – wenn neben der körperlichen Befriedigung auch das geistige und seelische Erleben berücksichtigt wird. Dr. med. Stephen Chang, ausgebildet sowohl in der traditionellen chinesischen Heilkunde als auch in der herkömmlichen westlichen Medizin, zeigt Wege auf, wie die taoistischen Lehren auch für uns anwendbar werden.

217 Seiten, kartoniert, zahlreiche Abbildungen, ISBN 3-7205-2009-9

Maitreyi D. Piontek
Das Tao der Frau
Energiearbeit, Selbstheilung, Sexualität

Ein Wegweiser für Frauen, die besser mit ihrem Körper, ihrer Sexualität und ihren Emotionen umgehen wollen, die harmonischer, natürlicher und gesünder, lustvoller und unabhängiger leben wollen. Die Autorin baut auf dem Tao auf, der ganzheitlichen und naturgemäßen Lebens- und Heilweise, die sich in China seit Jahrtausenden bewährt.

286 Seiten, kartoniert, zahlreiche Abbildungen, ISBN 3-7205-1925-2

Alle diese Bücher erhalten Sie in jeder Buchhandlung.
Ein farbiges Büchermagazin mit den lieferbaren Titeln des Ariston Verlages senden wir Ihnen auf Wunsch gerne zu.

ARISTON VERLAG · KREUZLINGEN/MÜNCHEN

Hauptstraße 14, CH-8280 Kreuzlingen, Tel. 071/672 72 18, Fax 071/672 72 19
Karl-Theodor-Straße 29, D-80803 München, Tel. 089/38 40 68-0, Fax 089/38 40 68-10